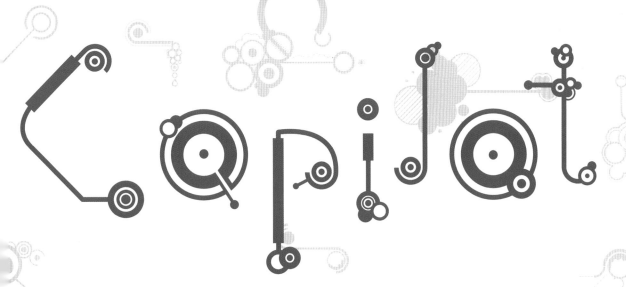

Copilot

복잡한 엑셀 작업은 기본, 거장 화가풍 이미지 생성에서 K-POP스타일 작곡까지,
코파일럿으로 할 수 있는 모든 것을 담았다!

코파일럿 + 엑셀
업무자동화
정석

권현욱(엑셀러) 저

MVP Microsoft®
Most Valuable
Professional

국내 최초 발간
"코파일럿 + 엑셀"
본격 활용서

KB134724

DIGITAL BOOKS
디지털북스

코파일럿 + 엑셀
업무자동화
정석

| 만든 사람들 |
기획 IT·CG기획부 | 진행 양종엽·정은진 | 집필 권현욱(엑셀러)
표지 디자인 원은영 | 편집 디자인 이기숙

| 책 내용 문의 |
도서 내용에 대해 궁금한 사항이 있으시면
저자의 홈페이지나 디지털북스 홈페이지의 게시판을 통해서 해결하실 수 있습니다.
디지털북스 홈페이지 digitalbooks.co.kr
디지털북스 페이스북 facebook.com/ithinkbook
디지털북스 인스타그램 instagram.com/digitalbooks1999
디지털북스 유튜브 유튜브에서 [디지털북스] 검색
저자 이메일 iexceller@gmail.com

| 각종 문의 |
영업관련 djibooks@naver.com
기획관련 djibooks@naver.com
전화번호 (02) 447-3157~8

"아주 작은 영역에서 할 수 있는 모든 실수를 한 사람이 전문가다."

(닐스 보어 · 노벨물리학상 수상자)

일렉트릭 기타로 유명한 두 회사가 있습니다. 펜더(Fender)와 깁슨(Gibson)이 그들입니다. "일렉 기타계의 쌍두마차"로 불리며 유구한 역사를 가진 회사들이지만 스타트업의 등장과 시대 변화를 그들이라고 해서 비켜갈 수는 없었습니다. 일렉트릭 기타 시장이 쇠퇴하는 상황에서 기타 초보자를 위한 온라인 강의 앱을 출시한 펜더는 재도약에 성공했고, 제때 대처하지 못한 깁슨은 지금도 어려움을 겪고 있습니다. 한순간 방심은 디지털 간극을 만들고, 그 간극은 이내 따라잡기 어려운 격차가 될 만큼 디지털의 위력은 갈수록 강해지고 있습니다.

어느 1인 기업 대표가 이런 말을 했습니다. "저는 요즘 여러 명의 전문가 임원들과 일합니다. AI CFO(최고재무책임자), AI 브랜드 매니저, AI COO(최고운영책임자)와 함께 일을 하고 있습니다." 짐작하셨겠지만 이 분이 말한 전문가는 사람이 아니라 생성형 인공지능(AI)입니다.

AI의 도움으로 한 사람이 할 수 있는 일의 지평이 확장되는 것은 개인에게나 조직에게나 좋은 일입니다. 다만 거기에는 한 가지 전제가 붙습니다. 최소한의 'AI 리터러시'(literacy: 문해력)를 갖추고 있어야 한다는 것입니다. AI에는 어떤 종류가 있고, 각 도구의 장단점은 무엇인지, 실무에 적용할 때 발생할 수 있는 잠재적인 리스크나 문제점은 무엇인지 정도는 알고 있어야 합니다.

생성형 AI가 많은 전문직과 사무직 일자리를 사라지게 할 것이라는 경고가 나오기도 했지만 또 다른 쪽에서는 AI를 좋은 도구로 활용하여 생산성을 높이고 있습니다. 생성형 AI는 경쟁자가 아니라 개인의 역량을 증강시키는 협력자라는 시각이 설득력을 얻고 있습니다. 업무를 빼앗아 가는 것이 아니라 사람이 더 가치 있는 일을 할 시간을 벌어줄 수 있습니다.

하버드 경영대학원이 글로벌 기업 경영자 1,700명을 대상으로 "AI 시대에 리더에게 필요한 역량"이 무엇인지 물어보았습니다. 응답자의 70%가 '적응성(Adaptability)'을 꼽았습니다. 대개의 IT 기술이 그러하듯 AI 기술도 한 번에 완성되는 것이 아니라 계속 진화하므로 한 번의 적응으로 끝나지 않습니다. 늘 새롭게 배운다는 태도가 관건입니다.

나이가 들수록 빨리 변하는 세상을 따라가는 게 버거워지는 경향이 있지만 그렇다고 꼭 나이로 구분할 일은 아닙니다. 같은 연배라 하더라도 동일한 기술에 대해 적극 활용하는 사람, 가끔 쓰는 사람, 외

면하는 사람으로 나뉘는 것은 세대 불문하고 나타나는 현상입니다. "시간과 공간은 속도에 따라 상대적"이라고 아인슈타인이 말했습니다. 기술 변화를 나만의 속도와 필요에 따라 받아들일 필요가 있습니다. 새로움과 기술 또한 상대적입니다.

이 책의 특징

◉ 국내 최초로 발간된 코파일럿 + 엑셀 본격 활용서

엑셀 기본 기능, 함수와 수식 작성법, 각종 솔루션 만들기, 매크로와 VBA 코딩 등 엑셀의 전 영역에서 코파일럿을 사용하는 방법을 알 수 있습니다.

◉ AI에게 질문하는 능력을 체계적으로 향상시킬 수 있는 구성

문제 상황에서 어떻게 키워드를 도출하고 문장으로 변환하는 과정을 따라하다 보면 자신도 모르게 최적의 프롬프트를 작성할 수 있게 됩니다.

◉ 엑셀을 비롯한 오피스 프로그램 업무 자동화

엑셀 업무뿐만 아니라 각종 설문지를 만들고, 워드에서 계약서 내용을 자동으로 수정하고, 파워포인트 슬라이드 디자인 서식을 자동으로 제어하는 등 수작업의 번거로움으로부터 벗어날 수 있는 아이디어를 얻을 수 있습니다.

◉ 다양한 코파일럿 활용 사례

이미지를 작성하고 웹 페이지나 동영상 내용을 요약하는 것은 코파일럿을 활용하는 기본 중 기본입니다. PDF 문서를 요약하고, 이미지를 분석하여 인스타그램 게시물을 만들 수 있습니다. 코파일럿 플러그 인과 GPT를 사용하여 자신이 선호하는 아티스트의 그림이나 음악을 만들 수도 있습니다. 이 모든 기능을 무료로 사용할 수 있습니다.

이 책에서 사용된 아이콘 소개

⚠️ **주의** 꼭 읽고 넘어가야 하는 내용입니다. 작업 시 주의하지 않으면 문제가 발생할 수 있는 경우 이 아이콘을 사용하여 주의를 환기하였습니다.

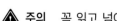 본문 내용과 관련하여 짚고 넘어가거나 알아두면 도움이 될 사항을 알려줍니다.

🔵 **TIP** 알아두면 작업을 보다 효율적으로 처리할 수 있는 다양한 방법이나 팁들을 소개합니다.

한 권의 책이 나오는 과정은 주변의 도움 없이는 불가능합니다. 책을 출판할 때가 되니 그동안 도움을 준 분들이 자연스레 떠오릅니다.

- '아이엑셀러 닷컴'과 유튜브 '엑셀러TV'를 변함없이 사랑해주시는 모든 분들
- 인생의 동반자 아내 정민
- 서점에서 아빠 책을 보면 사진을 보내주고 때로는 MD(?) 역할도 하는 예지와 준우
- 주변 사람들과 학생들의 롤 모델이 되는 베테랑 선생님, 동생 경태
- 양종엽 본부장님과 정은진 팀장님 등 디지털북스 직원 여러분

글로벌 빅테크 기업 중에서도 마이크로소프트는 인공지능에 정말 열심인 것 같습니다. 2024년 7월 현재 시점에서 챗GPT와 더불어 가장 인기 있는 생성형 AI는 '코파일럿'입니다. 강력하고 다양한 기능으로 무장하고 있으며 무료입니다. 챗GPT에서는 유료 가입자를 대상으로 제공하는 일부 기능까지 코파일럿에서는 무료로 사용할 수 있습니다.

생성형 AI를 접해본 분들이 이구동성으로 하는 말이 있습니다. 원하는 결과를 얻기 위해서는 "질문하는 능력이 중요"하다는 것입니다. 코파일럿을 제대로 사용하기 위해서는 제대로 된 질문(또는 명령)이 무엇보다 중요합니다. 아무리 인공지능 기술이 발전한다고 해도 우리는 자신이 작성 가능한 수준만큼만 기술의 수혜를 온전히 누릴 수 있습니다. 이 책에서 소개하는 프롬프트 작성 팁과 요령 그리고 각종 노하우를 활용하면 코파일럿은 자신의 분신이 될 수 있으리라 생각합니다.

집필하는 내내 혼자가 아니라 곁에 든든한 비서가 있다는 느낌이 들었습니다. 간단한 텍스트 명령문으로 피카소가 그린 것 같은 그림을 작성하고, 뉴진스 스타일의 노래를 만들고, 개인 피트니스 트레이너로 코파일럿을 활용하는 즐겁고 놀라운 경험을 독자 여러분들도 함께 해보시길 추천합니다.

본문 예제 파일

책에서 언급된 예제 파일은 저자 홈페이지에서 내려받을 수 있습니다.
아이엑셀러닷컴(http://www.iexceller.com)에 접속한 다음, 화면 왼쪽 아래의 [About Books] - [엑셀러 집필 도서]를 선택해 보세요.

저자 **권현욱 (엑셀러)**

CONTENTS

CONTENTS

특별 부록 [1] 새로운 Microsoft Excel 함수 활용집

특별 부록 [2] 코파일럿 프롬프트 활용집

마이크로소프트 코파일럿 기본

챗GPT 등장 이후 수많은 생성형 AI가 우후죽순처럼 등장했습니다. 현재 시점에서 챗GPT와 더불어 가장 인기 있는 생성형 AI를 꼽는다면 단연 '코파일럿'이라고 할 수 있습니다. 그만큼 강력하고 다양한 기능으로 무장하고 있으며 심지어 무료입니다. 챗GPT에서는 유료 구독자를 대상으로 제공되는 일부 기능까지 무료로 사용할 수 있습니다.

Chapter 01에서는 코파일럿을 제대로 사용하기 위해 알아두어야 할 사항들을 다룹니다. 코파일럿의 기본적인 내용과 사용법, 채팅창과 사이드바의 차이에 대해 살펴봅니다. 프롬프트 작성 노하우와 프롬프트 엔지니어링 실제 사례, 전자 필기장을 이용하여 길고 복잡한 프롬프트를 작성하는 방법 등 꼭 알아야 할 내용을 소개합니다.

이 책에서는 별도 설명이 없을 경우 '코파일럿(Copilot)' 또는 '무료 코파일럿'을 '마이크로소프트 코파일럿(Microsoft Copilot)'과 같은 의미로 사용합니다.

01 알아야 할 코파일럿 기본 지식 `SECTION`

01 마이크로소프트 코파일럿이란? `Unit`

마이크로소프트 코파일럿(Microsoft Copilot)을 한 문장으로 정리한다면 이렇게 말할 수 있습니다.

> "마이크로소프트(Microsoft)에서 만든 것으로, 텍스트, 이미지,
> 음악 등 다양한 종류의 콘텐츠를 만들 수 있는 AI의 한 종류"

마이크로소프트 코파일럿은 처음에 '빙 챗(Bing Chat)'이라고 부르던 마이크로소프트의 인공지능(AI: Artificial Intelligence) 생산성 도구입니다. 빙 검색에만 국한되던 빙 챗봇과는 다르게, Microsoft Excel, Word 등과 같은 마이크로소프트(Microsft) 365 앱을 통해 마이크로소프트 코파일럿에 접근할 수 있으며 윈도우(Windows)를 통해 액세스할 수도 있습니다.

코파일럿은 오픈AI의 GPT-4 모델을 기반으로 하며, 사용자의 질문에 답하고 다양한 작업을 수행하는 데 사용할 수 있는 매우 큰 데이터로 훈련되었습니다. 코파일럿은 자연어 AI이기 때문에 사람과 대화하듯이 상호작용할 수 있습니다.

코파일럿은 빙 검색, Windows, 마이크로소프트 엣지(Microsoft Edge) 및 마이크로소프트 365 앱에서 사용할 수 있으며 해당 기능은 액세스하는 위치에 따라 다를 수 있습니다[예를 들어 코파일럿 프로(Copilot Pro)를 사용하면 마이크로소프트 365 앱에서도 사용 가능합니다]. 이 책에서는 코파일럿은 무료 버전인 마이크로소프트 코파일럿(Microsoft Copilot)과 관련된 내용을 다룹니다.

▲ Microsoft Copilot 사이트

02　코파일럿은 누가 만들었을까?　　Unit

마이크로소프트는 오픈AI(OpenAI)의 GPT-4 기술을 기반으로 코파일럿을 개발했습니다. 생성형 AI 모델의 하나인 GPT-4는 친숙한 대화 방식으로 자연어, 즉 사람이 일상적으로 사용하는 언어를 사용하여 답변을 생성합니다.

마이크로소프트는 자체 데이터로 GPT 모델을 교육하고 이를 마이크로소프트 그래프 API(Microsoft Graph API)와 통합했으며, 여러 가지 조정을 수행하여 코파일럿을 만들었습니다. 마이크로소프트 그래프 API가 무엇인지에 대해서는 세부적으로 알 필요는 없습니다. "마이크로소프트 365 서비스(아웃룩, 캘린더, 원드라이브 등)의 모든 정보를 담은 거대한 창고"라고 생각하면 됩니다.

03　코파일럿이 내게 어떤 영향을 미칠까?　　Unit

만약 여러분이 마이크로소프트의 제품을 사용하고 있다면 시나브로 코파일럿의 영향을 받고 있을 가능성이 높습니다. 코파일럿은 빙 검색 및 엣지 웹 브라우저에 통합되어있고 윈도우 작업 표시줄의 버튼을 통해 사용할 수도 있습니다. 코파일럿은 Microsoft 365 앱에서도 사용할 수 있지만 코파일럿 프로(Copilot Pro)에 별도 가입한 경우 가능합니다. 코파일럿이 여러분에게 영향을 미칠 수 있는 방법을 정리하면 다음과 같습니다.

- **빙(Bing) 사용자**: 빙은 구글이나 네이버 같은 검색 엔진의 한 종류입니다(시장 점유율은 이들 검색 엔진에 비해 경쟁이 되지 않을 만큼 떨어집니다). 빙 검색 엔진을 사용하는 경우 표시되는 검색 결과는 코파일럿의 직접적인 영향을 받습니다. 빙 검색 결과 페이지에서 위로 스크롤하여 코파일럿을 통해 직접 검색할 수 있고, 코파일럿 인터페이스를 직접 사용하지 않더라도 검색 결과와 함께 AI의 응답을 볼 수 있습니다.
- **엣지(Edge) 사용자**: 마이크로소프트 엣지(Microsoft Edge)를 사용하여 웹을 탐색하는 경우 브라우저 창의 오른쪽 상단에 있는 Copilot 아이콘을 이용할 수 있습니다. 코파일럿과 상호 작용하지 않고도 엣지를 사용할 수 있지만, 이 방식을 이용하면 추가 기능(플러그 인)을 통해 코파일럿에 쉽게 접근할 수 있습니다. 예를 들어, 지금 보고 있는 페이지를 요약하거나 영상의 내용을 정리할 수 있습니다.
- **윈도우(Windows) 사용자**: 코파일럿은 작업 표시줄의 버튼을 통해 윈도우(Windows)를 직접 제어할 수 있습니다. 아직은 기능이 제한적이지만 방해 금지 모드 켜기, 어두운 모드와 밝은 모드 간 전환 같은 단순한 기능을 수행할 수 있습니다.
- **마이크로소프트 365 사용자**: 마이크로소프트 365 앱을 사용하는 경우 마이크로소프트 워드(Word)에서 초안을 작성하고, 파워포인트(PowerPoint)에서 프레젠테이션을 만들고, 아웃룩(Outlook)에서 전자 메일을 요약하고, 엑셀(Excel)에서 데이터를 분석하고, 시각화하는 등 다양한 작업을 할 수 있습니다(단, 코파일럿 프로와 마이크로소프트 365 앱에 대한 라이선스 필요).

02 왜 코파일럿을 사용해야 할까? — 코파일럿의 좋은 점 5가지 SECTION

2024년 7월 현 시점에서 생성형 AI 경쟁에서 가장 앞서 있는 양대 주자는 오픈AI의 "챗GPT"와 마이크로소프트의 "코파일럿"입니다. 마이크로소프트는 현재 오픈AI의 지분 49%를 보유하고 있는 것으로 알려져 있습니다.

챗GPT는 AI 챗봇 영역에서 확고한 위치를 차지하고 있고 대중적으로도 인기가 높습니다만 코파일럿도 매력적인 기능으로 무장하고 AI 경쟁에 본격적으로 뛰어들었습니다. 코파일럿은 성능과 깊이 면에서 챗GPT의 GPT-3.5 모델을 능가하는 GPT-4를 사용합니다. 그러면서도 무료로 제공됩니다. 챗GPT보다 코파일럿을 사용해야 하는 이유에 대해 정리해보았습니다.

01   GPT-4 무료로 사용 Unit

챗GPT 무료 버전은 GPT-3.5 모델을 사용합니다. 이 버전은 GPT-4보다 오래되었고 성능도 떨어집니다. 고급 모델인 GPT-4는 챗GPT 플러스(GhatGPT Plus) 구독자를 대상으로 제공됩니다(월 20달러). GPT-3.5도 강력한 AI 모델이지만 GPT-4에서 얻을 수 있는 성능이나 깊이와 비교할 수는 없습니다. 마이크로소프트 코파일럿은 플러그 인 기능과 함께 GPT-4를 무료로 사용할 수 있습니다.

02   더 나은 인터넷 접근 및 검색 Unit

코파일럿과 챗GPT는 둘 다 인터넷에 액세스할 수 있지만 챗GPT 무료 버전은 실시간으로 인터넷 데이터에 접근할 수 없습니다[프리미엄 플랜(ChatGPT Plus) 구독을 해야 가능] 하지만 코파일럿을 사용하면 무료로 인터넷에 접근할 수 있습니다.

인터넷에 액세스할 수 있는지 여부만 중요한 것은 아닙니다. 단순한 접근성보다 중요한 점이 있습니다. 인터넷 데이터 합성에 대한 코파일럿의 접근 방식은 챗GPT보다 훨씬 우수합니다. 코파일럿은 훈련 데이터를 사용하여 질문에 답변할 시기와 답변을 얻기 위해 인터넷에 액세스할 시기를 더 잘 결정합니다. 사소한 것처럼 보일 수 있지만 최신 응답을 얻는 것과 오래된 응답을 얻는 것의 차이가 여기에서 결정될 수도 있습니다.

03   이미지 무료로 생성   `Unit`

마이크로소프트와 오픈AI는 한 집안이지만(마이크로소프트가 오픈AI에 130억 달러 이상을 투자해, 마이크로소프트는 최대 투자자이자 협력업체입니다) 마이크로소프트는 모든 면에서 오픈AI를 한 단계 더 앞서가려는 임무를 수행하고 있는 것 같습니다. 챗GPT에서는 프리미엄 기능을 구독해야 사용할 수 있는 기능을 코파일럿은 무료로 제공하고 있습니다. 달리(DALL·E) 이미지 생성기에 대한 무료 접근도 그중 하나입니다.

챗GPT를 사용하여 달리 이미지 생성기에 접근하려면 프리미엄 구독 비용을 지불해야 합니다. 하지만 코파일럿을 사용하면 별도의 비용 지불 없이 동일한 달리 모델을 사용하여 멋진 AI 이미지를 만들 수 있습니다. 뿐만 아니라 코파일럿은 챗GPT보다 달리 이미지 생성기를 사용하여 훨씬 더 많은 이미지를 생성할 수 있는 기능을 제공한다는 측면에서 더욱 강력합니다. 예를 들어, 챗GPT Plus에서는 한 번에 1개씩 이미지를 만들지만 코파일럿은 한 번에 4개씩 만들어줍니다. 코파일럿으로 이미지를 만드는 방법에 대해서는 197쪽을 참고하세요.

04   출처나 각주를 통한 사실 관계 확인   `Unit`

AI 챗봇을 이용하여 연구 논문 작성에 활용하든, 업무 프로젝트의 정보 소스로 활용하든 혹은 호기심을 충족시키기 위해 활용하든 답변의 출처를 확인해야 하는 경우가 있습니다. 코파일럿은 이 점에서도 챗GPT보다 우위에 있습니다. 인용된 출처를 통해 더 쉽게 연구를 진행하고 챗봇 응답의 정확성을 확인할 수 있습니다.

코파일럿은 챗봇이 답변을 가져온 웹사이트를 인용하는 응답에 각주를 표시해줍니다. 이를 통해 챗봇의 답변을 검증할 때 도움이 됩니다.

반면에 챗GPT에 질문을 하면 단순히 텍스트 응답으로만 답변하며 출처나 각주는 표시하지 않습니다. 답변을 얻은 후에 챗GPT에 출처를 제공하도록 요청(예: "이전 답변의 출처를 알려줘.")할 수 있지만 이 접근 방식도 항상 작동하는 것은 아닙니다.

05   마이크로소프트 생태계와의 통합   `Unit`

코파일럿의 또 다른 이점은 마이크로소프트 생태계와의 긴밀한 통합입니다. 이것은 챗GPT를 비롯한 다른 생성형 AI와는 근본적으로 다른 부분으로, 중요한 이점을 제공합니다. 마이크로소프트 생태계란 "마이크로소프트가 개발한 소프트웨어, 앱, 서비스, 그리고 도구들의 모음"이라고 할 수 있습니다.

코파일럿은 마이크로소프트가 만든 것이기 때문에 다른 마이크로소프트 제품들과 매우 잘 호환되어 동작합니다. 그래서, 마이크로소프트의 제품들을 사용한다면 코파일럿을 이용하여 더욱 쉽고 편리하게 접근할 수 있습니다. 다만 그렇게 하기 위해서는 코파일럿 프로와 마이크로소프트 365 라이선스가 필요합니다.

코파일럿과 챗GPT 중 어떤 도구를 선택할 지 여부는 특정 요구 사항과 선호도에 따라 달라질 수 있습니다. 데이터 분석, 이미지 조작 또는 상세한 창의적 글쓰기와 같은 어려운 작업을 수행하기 위한 AI 챗봇이 필요하면 챗GPT가 더 나은 선택일 수 있습니다.

그러나 비용을 지불할 필요 없이 챗GPT가 유료로 제공하는 일부 기능, 최신 정보 그리고 마이크로소프트 에코시스템 내에서 긴밀하게 통합된 경험을 사용하고 싶다면 코파일럿이 좋은 선택입니다.

03   인공지능 관련 필수 용어 10가지   SECTION

인공지능(AI)은 우리 삶의 방식을 혁신하는 놀라운 기술입니다. 하지만 복잡하거나 낯선 용어들이 많아서 쉽게 접근하기 어려울 수 있습니다. 하지만 걱정하지 마세요. 다음에 소개하는 10가지 용어를 이해하면 크게 어렵지 않게 AI와 코파일럿에게 다가갈 수 있습니다. 신비로운 AI 세계를 탐험하는 기분으로 떠나볼까요?

01   인공지능(AI)   Unit

인공지능(AI: Artificial Intelligence)은 이전에는 인간의 지능이 필요했던 작업을 기계가 수행하는 능력을 가리키는 개념입니다. 스마트폰처럼 생각하고 학습하며 행동하는 기계를 만드는 것이라고 생각하면 됩니다. 얼굴 인식 기능, 자동 번역, 자율 주행 자동차 등 다양한 분야에서 AI 기술이 활용되고 있으며 앞으로 그 범위는 더욱 넓어질 것으로 예상됩니다.

02   일반 인공지능(AGI)   Unit

현재 널리 사용되는 인공지능은 정확하게는 '좁은 의미의 인공지능'입니다. 특정 작업이나 기능에 최적화된 인공지능을 말하며, 번역, 이미지 인식, 게임 등 특정한 영역에서만 인간을 능가하는 성능을 보입니다. 체스 세계 챔피언 카스파로프(Garry Kasparov)나 이세돌과 바둑을 겨루었던 딥블루, 알파고 등이 이에 해당합니다.

이에 비해 일반 인공지능(AGI: Artificial General Intelligence)은 인간과 유사한 지능 수준을 가진 인공지능을 뜻하며 인공지능 기술의 최종 목표로 알려져 있습니다. AGI는 인간의 지능을 모방하거나 대체하기 위해 개발된 컴퓨터 시스템으로, 기계 학습이나 패턴 인식, 자연어 처리 등의 기술을 이용하여 문제를 해결하며, 의사 결정을 스스로 내릴 수 있는 능력도 갖추고 있습니다(영화 ≪터미네이터≫의 스카이넷이나 ≪아이언맨≫에 나오는 자비스를 떠올려 보세요). 엔비디아 CEO 젠슨 황(Jensen Huang)은 "5년 이내", 구글 딥마인드의 데미스 하사비스(Demis Hassabis) 공동창업자는 "2030년 무렵"에 AGI가 실현될 것으로 전망했지만 아직은 개발 초기 단계이며, 실현되기까지는 전력 공급 문제를 비롯한 많은 과제가 남아있습니다.

03 대형 언어 모델(LLM)

대형 언어 모델(LLM: Large Language Model)은 방대한 양의 텍스트 데이터를 학습하여 인간 수준의 텍스트를 생성하고, 언어를 번역하고, 다양한 종류의 창의적인 콘텐츠를 작성할 수 있는 AI 모델입니다. 대형 언어 모델은 보통 수십억 개 이상의 파라미터(parameter)로 구성되는 언어 모델을 가리킵니다.

사람도 학습을 통해 언어 구사 능력이 고도화되듯 LLM도 방대한 양의 언어 데이터를 학습하면서 지식을 습득합니다. 오늘날 대부분의 텍스트 기반 생성형 AI는 LLM을 기반으로 작동합니다. 널리 알려진 주요 대형 언어 모델로는 오픈AI의 GPT 시리즈, 앤트로픽(Anthropic)의 클로드(Claude), 딥마인드(Deep Mind)의 고퍼(Gopher), 메타(Meta)의 OPT와 라마(LLaMA), 구글(Google)의 람다(LaMDA)와 PaLM2 등이 있습니다.

04 생성형 AI

생성형 AI(Generative AI)는 새로운 콘텐츠를 창작하는 데 특화된 AI 모델입니다. 새로운 음악을 작곡하거나, 그림을 그리거나, 소설을 쓰는 등 독창적인 작품을 만들 수 있습니다. 예술가처럼 영감을 얻고 새로운 것을 창조하는 AI라고 생각하면 됩니다.

05 파라미터

파라미터(Parameters: 매개변수)는 AI 모델의 성능을 결정하는 핵심 요소입니다. 자동차 엔진의 부품처럼, 파라미터의 수와 질이 AI 모델의 학습 능력과 정확도에 영향을 미칩니다. 대체로 파라미터가 많을수록 더 복잡한 데이터를 학습하고 더 정확한 결과를 도출할 수 있습니다.

06 멀티모달

'멀티(Multi)'는 '여러 개의, 다양한'이라는 뜻이고, '모달(Modal)'은 '형태, 방식'을 뜻합니다. 따라서 멀티모달(Multimodal)은 여러 형태의 데이터(텍스트, 이미지, 음성 등)를 동시에 처리하고 이해할 수 있는 AI 모델의 기능을 의미합니다. 다양한 언어를 이해하는 사람처럼, 멀티모달 AI 모델은 다양한 형태의 정보를 종합하여 더 정확한 판단을 내릴 수 있습니다. 예를 들어, 이미지와 텍스트를 함께 분석하여 물체를 인식하거나, 동영상과 음성을 분석하여 감정을 인식하는 등 다양한 활용이 가능합니다.

07   GPT   `Unit`

앞서 대형 언어 모델(LLM)이 방대한 양의 언어 데이터를 학습한 AI 모델이라고 했습니다. GPT는 LLM의 한 종류입니다. 'Generative Pre-trained Transformer'의 줄임말로, 우리말로는 '사전 학습된 생성형 변환기' 정도로 번역할 수 있겠습니다. GPT 모델들은 대량의 텍스트 데이터셋으로 미리 훈련되고 인간과 같은 문자를 생성할 수 있는 인공 신경망입니다.

오픈AI는 GPT-2, GPT-3, GPT-4와 같이 순차적으로 번호가 매겨진 GPT 기반 모델을 출시했습니다. 이들 각각은 훈련 가능한 매개변수(parameter)의 수가 증가함에 따라 이전보다 훨씬 더 많은 능력을 발휘합니다. 가장 최근 모델은 GPT-4로, 2023년 3월에 출시되었습니다. 챗GPT는 채팅을 뜻하는 Chat과 GPT가 합쳐진 단어입니다.

08   토큰(Token)   `Unit`

토큰(Token)은 문장을 구성하는 기본 단위입니다. 문장을 이루는 단어처럼, 토큰은 텍스트를 의미 있는 단위로 나눈 것입니다. AI 모델이 텍스트를 이해하고 처리하는 데 중요한 역할을 하며, 조사나 어미 종결사, 문장부호, 숫자나 기호 등도 토큰으로 간주되므로 단어 수와는 차이가 있습니다.

하나의 대화창에서 챗GPT는 최대 4,096개, 코파일럿은 수천 개의 토큰을 처리할 수 있는 것으로 알려져 있습니다(정확한 토큰 제한은 공개되지 않음). 토큰 처리 능력은 AI 모델마다 다르며, 작업 및 데이터셋에 따라 달라질 수 있습니다. 예를 들어, "안녕하세요"라는 단어가 몇 개의 토큰으로 되어있는지에 대해 3개의 생성형 AI를 통해 얻은 답변이 서로 다릅니다.

ChatGPT 3.5 ∨

다음 문장은 몇 개의 토큰으로 되어 있고, 어떻게 구분하지?
"안녕하세요"

주어진 문장 "안녕하세요"는 세 개의 토큰으로 구성됩니다. 토큰은 일반적으로 공백이나 문장부호를 기준으로 분리됩니다. 여기서 "안녕하세요"는 공백이 없으므로 세 개의 토큰으로 구분됩니다: "안녕", "하", "세요".

▲ 챗GPT-3.5

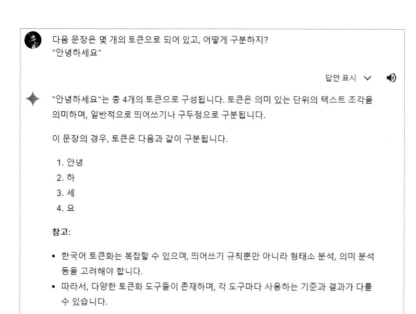

▲ Google Gemini

▲ Microsoft Copilot

지금 단계에서 더 구체적인 내용을 알 필요는 없고, 토큰은 "실제 단어 수보다 훨씬 많은 용량을 차지"하며, "생성형 AI 종류마다 다른 방식으로 처리"한다 정도만 이해하면 됩니다.

09 머신러닝 `Unit`

머신러닝(ML: Machine Learing)은 패턴을 인식하기 위해 대량의 데이터에 대한 일련의 알고리즘을 훈련하는 프로세스를 말합니다. 패턴 탐색을 통해 명시적으로 프로그래밍되지 않은 작업을 자동화할 수 있으며, AI가 다른 컴퓨터 기술과 차별화되는 지점이 여기에 있습니다. 머신러닝은 AI의 하위 집합입니다.

10 딥러닝

딥러닝(Deep Learning)은 머신러닝(ML) 계열의 일부이며 다양한 작업을 수행하기 위해 3개 이상의 레이어 (Layers)로 구성된 인공 신경망을 훈련시키는 것과 관련됩니다. 딥러닝 기술은 AI를 활용해서 데이터 속의 복잡한 패턴을 인식하는 방법을 학습할 수 있기 때문에 자연어 처리(NLP: Natural Language Processing), 음성 인식, 이미지 인식 등에 많이 활용됩니다.

04 헷갈리는 "코파일럿 3형제" 차이점 완벽 정리   SECTION

글로벌 빅테크 기업(거대 기술 기업) 중에서도 마이크로소프트는 인공지능에 정말 진심인 것 같습니다. 마이크로소프트 코파일럿(Microsoft Copilot), 코파일럿 프로(Copilot Pro), 마이크로소프트 365용 코파일럿(Microsoft 365 Copilot)을 비롯한 다양한 코파일럿을 보유하고 있으며, 하루가 멀다 하고 새로운 기술을 쏟아내고 있습니다. 하지만 종류가 많은데다 이름을 바꾸거나 통합된 것도 있어서 헷갈릴 수 있습니다.

코파일럿은 마이크로소프트의 생성형 AI 기반 챗봇의 이름으로, 챗GPT와 기반 기술이 동일합니다. 2023년 초 '빙 챗(Bing Chat)'이라는 이름으로 출시했지만 통일성을 위해 명칭을 코파일럿으로 변경했습니다. 마이크로소프트는 전방위적으로 코파일럿의 적용 범위를 넓혀가고 있습니다. 어떤 플랫폼에 장착되느냐에 따라 다양한 명칭이 있습니다. 여기서는 일반 사용자들이 많이 헷갈려 하는 3가지 코파일럿에 대해 살펴봅니다.

- **코파일럿(Copilot)**: '마이크로소프트 코파일럿'이라고 하며 무료로 사용할 수 있습니다(이전의 '빙 챗'). 빙 검색 엔진이나 마이크로소프트 엣지 브라우저 등을 통해 액세스할 수 있습니다. 피크 시간이 아닐 때 GPT-4 및 GPT-4 Turbo에 액세스합니다. 디자이너 도구(이전의 '빙 이미지 크리에이터')를 사용하여 하루에 15개 부스트(15개 이미지)로 AI 이미지를 생성할 수 있습니다. 플러그 인 및 GPT를 사용할 수도 있습니다.
- **코파일럿 프로(Copilot Pro)**: 엑셀이나 워드와 같은 마이크로소프트 오피스 앱에서 코파일럿을 사용하는 것을 포함해 무료 버전은 지원하지 않는 몇 가지 기능을 추가로 제공합니다. 피크 시간대에도 더 빠른 성능과 GPT-4 및 GPT-4 Turbo에 우선 접근할 수 있습니다. 디자이너 도구에서 사용할 수 있는 부스트도 하루에 100개로 확장됩니다. 개인 사용자나 소규모 회사를 위한 서비스로, 구독료는 월 29,000원입니다.
- **마이크로소프트 365용 코파일럿(Microsoft 365 Copilot 또는 Copilot for Microsoft 365)**: 코파일럿 프로의 모든 기능이 전체 팀에게 필요한 경우 사용할 수 있는 기업용 코파일럿입니다. 프로 버전보다 비싸지만(월 30달러) 오피스 앱 통합뿐 아니라 마이크로소프트 그래프(Microsoft Graph)를 통해 비즈니스의 모든 데이터를 활용할 수 있습니다. 최소 구매 수량 조건은 없어졌지만 Microsoft 365 E3/E5, Office 365 E5, Microsoft 365 Business Standard/Premium 등과 같은 라이선스가 필요합니다.

이상의 내용을 표로 요약하면 다음과 같습니다.

	Copilot	Copilot Pro	MS 365 Copilot
Scope	개인	조직	조직
Price	Free	$20	$30
foundational Capabilities	●	●	●
Web Grounding	●	●	●
Commercial Data Protection	●	●	●
Priority Model Access		●	●
Copilot in Outlook, Word, Excel, PowerPoint and OneNote		●	●
Copilot in Teams			●
Microsoft Graph Grounding			●
Enterprise-Grade Data Protection			●
Customization		Copilot GPT Builder	Copilot Studio

▲ 코파일럿 종류(출처: Microsoft 자료로부터 정리)

참고 ▶ **Windows 코파일럿**

Windows 코파일럿은 Windows 11 버전 23H2 이상에 설치되는 무료 AI 기반 코파일럿으로 Windows 11에 통합되어 있습니다. 코파일럿을 바탕 화면으로 직접 가져오고 '프로그램 열기', '기능 변경' 등의 기능을 제공합니다.

Windows 11 코파일럿은 현재 미리보기 단계에 있지만 Windows 설정 변경, 앱 창 구성, 알람 설정, 앱 실행, PC 문제 해결과 같은 간단한 작업을 수행할 수 있습니다. 아직은 쓰임새가 많지 않지만 앞으로 기능이 확대될 것으로 예상합니다.

05 코파일럿에 접근하는 방법 3가지 SECTION

이처럼 장점이 많은 마이크로소프트 코파일럿은 어떻게 하면 사용할 수 있을까요? 보통은 다음과 같이 3가지 방식으로 액세스할 수 있습니다.

01 [방법1] 빙 검색 엔진을 통한 접근 Unit

01 웹 브라우저 주소 입력란에 'bing.com'을 입력하고 [Enter↵] 키를 누르면 Microsoft Bing 검색 엔진 사이트로 접속됩니다. 빙은 네이버나 구글 검색 엔진과 같은 역할을 합니다. 여기에서 코파일럿을 사용하려면 화면 왼쪽 위에 있는 [Copilot] 버튼 또는 [웹 검색] 란 오른쪽에 있는 [Copilot] 아이콘을 클릭합니다.

02 로그인하라는 화면이 나타나면 [로그인] 버튼을 클릭하고 로그인합니다. 코파일럿의 기능을 제대로 사용하려면 로그인을 하고 사용할 것을 권장합니다. 로그인(또는 회원 가입)을 진행하기 바랍니다.

03 정상적으로 로그인했다면 다음과 같은 화면이 나타납니다. 화면 아래쪽에 '무엇이든 물어보세요'라고 표시된 부분이 있습니다. 이곳을 [채팅창]이라고 하며, 이곳에 질문을 입력합니다. 챗GPT의 [프롬프트 창]과 비슷한 역할을 합니다. 하지만 챗GPT에서는 볼 수 없는 아이콘들이 있습니다. 이와 관련해서는 뒤에서 자세하게 다룹니다. 지금 단계에서는 코파일럿의 전체적인 모습을 눈여겨보세요.

04 코파일럿에게 질문하는 방법은 매우 간단합니다. [채팅창]에 답을 구하고자 하는 질문(프롬프트)을 입력하면 됩니다. 마치 사람과 대화하듯 가볍게 시작합니다. 예를 들어, 엑셀의 함수를 공부하고 싶다면 "엑셀 함수를 배우고 싶은데 어떻게 공부하면 좋을까?"라고 입력하고 Enter↵ 키나 대화 창 오른쪽에 있는 종이 비행기 모양의 아이콘([제출] 아이콘이라고 합니다)을 클릭해보세요.

05 잠시 기다리면 답변과 함께 출처, 추가적인 질문 목록이 표시됩니다. 챗GPT와는 다른 점입니다.

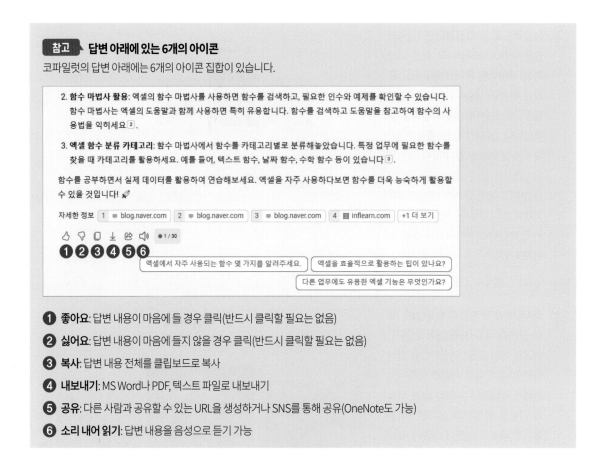

참고 ▶ 답변 아래에 있는 6개의 아이콘

코파일럿의 답변 아래에는 6개의 아이콘 집합이 있습니다.

① **좋아요**: 답변 내용이 마음에 들 경우 클릭(반드시 클릭할 필요는 없음)

② **싫어요**: 답변 내용이 마음에 들지 않을 경우 클릭(반드시 클릭할 필요는 없음)

③ **복사**: 답변 내용 전체를 클립보드로 복사

④ **내보내기**: MS Word나 PDF, 텍스트 파일로 내보내기

⑤ **공유**: 다른 사람과 공유할 수 있는 URL을 생성하거나 SNS를 통해 공유(OneNote도 가능)

⑥ **소리 내어 읽기**: 답변 내용을 음성으로 듣기 가능

06 빙 검색 엔진을 통한 이 방법은 불편한 점이 있습니다. 답변 내용을 읽기 위해 아래로 스크롤하면 의도와 달리 화면이 검색 환경으로 넘어가서 불편하며, 이 방법으로는 코파일럿의 기능을 100% 활용할 수 없습니다.

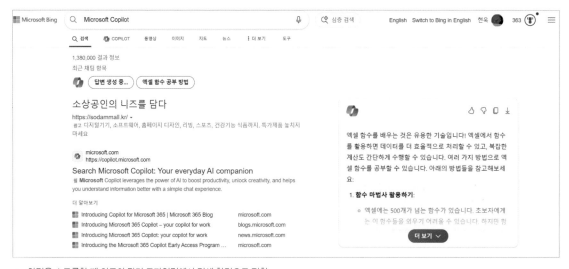

▲ 화면을 스크롤할 때 의도와 달리 코파일럿에서 검색 환경으로 전환

02 [방법2] 코파일럿 웹사이트 이용 `Unit`

빙(Bing)에서 코파일럿을 사용하기보다는 코파일럿 사이트로 직접 접속하면 화면이 의도와 다르게 스크롤되는 문제를 해결할 수 있습니다. 웹 브라우저 주소 입력줄에 다음과 같이 입력하고 `Enter↵` 키를 눌러 접속합니다.

copilot.microsoft.com

화면 모양은 [방법1]의 그것과 별 차이가 없지만 좀 더 안정적인 환경에서 작업할 수 있습니다.

03 [방법3] 엣지 브라우저 사용 `Unit`

코파일럿의 각종 기능을 제대로 사용하기 위해서는 엣지 브라우저를 사용해야 합니다. 엣지 브라우저에서 copilot.microsoft.com 사이트에 접속하면 코파일럿의 기능을 100% 사용하기 위한 준비가 되었다고 할 수 있습니다.

참고 ▲ 이 책에서는 별도의 설명이 없는 한 엣지 브라우저에서 코파일럿 사이트에 접속한 경우를 전제로 설명합니다.

06 코파일럿은 어떻게 생겼나
SECTION

코파일럿 화면은 크게 5개 영역으로 구분할 수 있습니다. 참고로 코파일럿 화면에 대한 공식적인 명칭은 없으며 편의상 나누어 보았습니다.

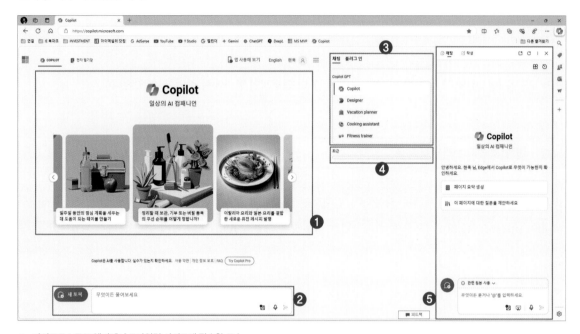

▲ 마이크로소프트 엣지에서 코파일럿 사이트에 접속한 모습

❶ **결과창(또는 예시 질문 영역):** 처음 접속하면 예시 질문이 표시됩니다. 질문을 어떻게 해야 하는지 참고할 수 있습니다. [>] 모양 아이콘을 클릭하여 다양한 질문 형태를 참고할 수 있습니다. 질문을 입력하면 그에 대한 답변 내용이 이곳에 표시됩니다.

❷ **채팅창:** 질문을 입력하는 곳입니다. 질문은 다른 말로 '프롬프트(prompt)'라고도 합니다. 이 책에서는 질문, 프롬프트, 명령 등의 용어를 상황에 따라 혼용합니다. 하나의 채팅창에서는 최대 30개까지 질문할 수 있습니다. 질문 수가 많아지거나, 답변 내용이 마음에 들지 않거나, 성격이 다른 질문을 할 경우에는 채팅창 왼쪽에 있는 [새 토픽] 아이콘을 이용하여 새 채팅창에서 진행하는 것이 좋습니다.

▲ [새 토픽] 아이콘을 이용하여 새 채팅창 생성 가능

❸ **설정창**: Copilot GPT나 플러그 인을 선택할 수 있습니다. [채팅] 탭을 선택하면 [Copilot], [Designer], [Vacation planner], [Cooking assistant], [Fitness trainer] 이렇게 5개의 Copilot GPT가 나타납니다. 이것은 이미지 생성, 여행 계획, 요리 등 해당 분야에 좀 더 특화된 코파일럿입니다. 원하는 분야에 특화된 결과를 얻고자 한다면 해당 코파일럿을 선택하고 질문해보세요. Copilot GPT와 관련해서는 212쪽을 참고하세요.

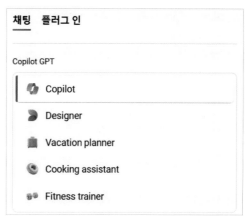

▲ Copilot GPT

[플러그 인]은 챗GPT의 '추가 기능'과 비슷한 역할을 합니다. 이 책이 출간되는 시점에서 인스타카트(Instacart), 카약(Kayak), 오픈테이블(OpenTable)을 비롯한 8가지 플러그 인이 있습니다. 플러그 인은 최대 3개까지 선택할 수 있습니다. 플러그 인과 관련해서는 208~209쪽을 참고하세요.

▲ 코파일럿에서 사용할 수 있는 플러그 인

❹ **대화 목록창**: 최근 사용한 대화창 목록이 이곳에 표시됩니다. 같은 대화창 안이라면 코파일럿은 이전 대화 내용을 기억할 수 있습니다. 마우스 포인터를 대화 목록으로 가져가면 아이콘이 나타나서 대화창 이름을 변경하거나 삭제, 공유, 내보내기 등을 할 수 있습니다.

 주의

코파일럿에는 대화 목록을 일괄 삭제하는 기능이 없습니다. 각 대화 목록에 표시되는 [휴지통] 아이콘을 이용하여 하나씩 지워야 합니다.

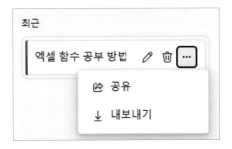

❺ **사이드바**: 엣지 브라우저에서 코파일럿 사이트에서 접속한 다음, 화면 오른쪽 위에 있는 [Copilot] 아이콘 🔵 을 클릭하면 화면 오른쪽에 새로운 창이 나타납니다. 이 새로운 작업 공간을 '사이드바(Side bar)'라고 합니다.

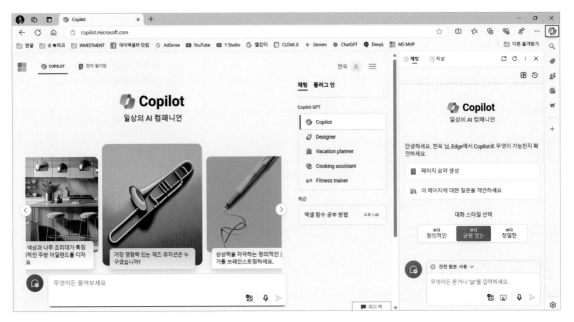

▲ 엣지 브라우저의 경우, [Copilot] 아이콘을 클릭하면 사이드바가 나타납니다.

07 채팅창과 사이드바는 어떤 차이가 있을까? SECTION

언뜻 보면 채팅창과 사이드바는 비슷하고 기능이 중복되는 것처럼 보입니다. [대화 스타일 선택] 옵션이나 채팅창도 두 군데 모두 있고, 코파일럿과 채팅을 주고받는 방식도 비슷하니까 말이죠. 채팅창은 말 그대로 채팅에 좀 더 특화되어있습니다. 코파일럿의 답변이 마음에 들지 않으면 이전 질문에 이어서 질문을 하고 내용을 보완할 수 있습니다.

▲ 채팅창   ▲ 사이드바

반면, 사이드바는 채팅창으로는 할 수 없는 뉴스 기사나 동영상 콘텐츠를 요약할 수 있습니다. 요약하고자 하는 콘텐츠에 접근한 다음 버튼을 클릭하기만 하면 됩니다. 이와 관련해서는 뒤에서 자세히 다룹니다.

뿐만 아니라 사이드바의 [작성] 탭을 이용하면 좀 더 편리하게 글을 작성할 수 있습니다. 주제를 입력하고 [톤], [형식], [길이]를 지정하면 그에 맞는 글을 작성해줍니다.

주의

코파일럿의 대화 스타일 관련 참고사항
코파일럿의 대화 스타일은 '보다 창의적인', '보다 균형 있는', '보다 정밀한' 중에서 선택할 수 있도록 되어 있었습니다. 하지만 어느 순간 일부 국가에서는 이 기능이 제거되었습니다. 한국에서도 2024년 7월 현재 단일한 대화 스타일로 표시됩니다(PC 환경에 따라 대화 스타일 선택 옵션이 나타나는 경우도 있습니다).

▲ 사라진 '대화 스타일 선택' 옵션

마이크로소프트는 이와 관련하여 공식적인 발표나 설명을 하지 않았으므로 이것이 의도적인지 아니면 버그인지 현재로서는 확실하지 않습니다. 더구나 미국을 비롯한 일부 국가에서는 대화 스타일을 여전히 선택할 수 있는 것으로 알려져 있고, 엣지(Edge) 브라우저가 아닌 크롬(Chrome)에서도 대화 스타일을 선택할 수 있습니다.
만약 코파일럿 사이트의 대화창 위에 대화 스타일을 선택할 수 있는 탭이 있다면 상황에 따라 대화 스타일을 선택해서 사용하고, 그렇지 않은 경우에는 그대로 진행하시기 바랍니다. 우리는 문학적인 작품이나 글을 다루는 것이 아니므로 대화 스타일 선택에 따른 영향은 제한적일 것으로 생각됩니다.

사이드바의 [작성] 탭은 긴 호흡의 정식 콘텐츠보다는 웹에서 사용할 간단한 내용을 간단히 작성할 때 편리합니다. 개인적으로는 이메일을 작성할 때 많이 활용하고 있습니다.

08 프롬프트 작성 팁과 요령 10가지　SECTION

생성형 AI를 접해본 분들이 이구동성으로 하는 말이 있습니다. 바로 원하는 결과를 얻기 위해서는 '질문을 잘 하는 능력이 중요'하다는 것입니다. 코파일럿을 제대로 사용하기 위해서는 제대로 된 명령(즉 프롬프트)을 내리는 것이 무엇보다 중요합니다. 오죽하면 해외에서는 '프롬프트 엔지니어(Prompt Engineer)'라는 직군까지 새로 생겼을까요.

아무리 인공지능이 발전한다고 해도 우리는 자신이 작성 가능한 수준만큼만 기술의 수혜를 누릴 수 있습니다. AI라고 해도 코파일럿은 인간의 지능을 가지고 있지 않습니다. 따라서 정보를 요청할 때에는 원하는 것을 정확하고 상세하면서도 간결하게 전달하는 것이 좋습니다. 코파일럿에게 일을 잘 시키는 노하우 10가지를 소개합니다.

01　명확하고 구체적으로 작성하세요　Unit

AI에게 질문할 때는 최대한 구체적이고 명확하게 작성하는 것이 중요합니다. 예를 들어 "좋은 책을 추천해줘."보다는 "성공적인 비즈니스 전략에 관한 책을 추천해줘."처럼 구체적으로 작성해야 합니다. 또한 '어제'나 '내일', '그들' 등과 같은 대명사를 사용하지 말고 정확한 날짜나 사람 이름 등 구체적인 정보를 사용하세요. 이렇게 하면 코파일럿으로부터 더 정확한 답변을 얻을 수 있습니다.

02　질문의 순서를 논리적으로 배열하세요　Unit

프롬프트를 작성할 때 질문의 순서를 논리적으로 배열하는 것이 중요합니다. 예를 들어, 먼저 문제를 제기한 후 해결 방법을 물어보는 것이 자연스러운 흐름입니다. 논리적 순서를 따르면 코파일럿이 대화의 흐름을 잘 따라갈 수 있고 일관된 답변을 제공하는 데 도움이 됩니다.

03　반복과 개선을 통해 보완하세요　Unit

첫 번째 응답이 마음에 들지 않으면 프롬프트를 수정해서 다시 질문하세요. 질문을 더 구체화하거나 새로운 정보를 추가하여 질문하면 더 나은 답변을 얻을 수 있습니다. 때로는 표현을 조금만 바꾸어도 크게 달라진 답변을 받을 수 있습니다. 코파일럿이 마음에 들지 않는 답변을 계속 내놓으면 새로운 대화창을 생성하고 작업해보세요.

---

04 구조화된 프롬프트를 사용하세요 `Unit`

프롬프트를 구조화하면 코파일럿이 일관된 응답을 제공하는 데 도움이 됩니다. 예를 들어, "생산성 향상 방법을 알려줘."라고 하기보다는 "시간 관리, 작업 환경, 기술 도구에 대한 팁을 포함한 생산성 향상 방법을 단계별로 알려줘."처럼 구조적으로 작성하면 더 좋은 결과를 얻을 수 있습니다.

---

05 부정문보다 긍정문을 사용하세요 `Unit`

부정문보다는 긍정문을 사용하는 것이 효과적입니다. "하지 마세요"보다는 "해주세요"라는 표현을 사용하면 코파일럿이 긍정적인 방향으로 답변을 생성하는 데 도움이 됩니다.

---

06 중요한 단어나 구문은 구분 기호를 사용하세요 `Unit`

프롬프트에서 중요한 키워드나 구문을 강조하는 것이 좋습니다. 예를 들어 "법적 요건"이나 "신규 사업"과 같은 키워드를 강조하면 코파일럿이 더 빠르고 정확하게 요점을 파악할 수 있습니다. 구분 기호를 사용하면 더 명확하고 관련성 높은 답변을 얻는 데 도움이 됩니다.

---

07 역할을 부여하세요 `Unit`

코파일럿에게 특정한 역할을 부여하면 더 적절한 응답을 받을 수 있습니다. 예를 들어 "마케팅 전문가처럼 생각하고" 또는 "너는 지금부터 나의 영어 선생님이야."라고 전제한 상태에서 요청하면 코파일럿이 그 역할에 맞춰 답변을 생성합니다. 역할을 부여하면 더 전문적이고 정확한 정보를 얻는 데 유용합니다.

---

08 원하는 출력 형식을 명시하세요 `Unit`

프롬프트에서 원하는 출력 형식을 명시하면 코파일럿이 그 형식에 맞춰 답변을 제공합니다. 예를 들어 "글머리 기호를 사용해." 또는 "JSON 형식으로"라고 요청하면 원하는 형식으로 정리된 답변을 받을 수 있습니다.

09 프롬프트를 간결하게 유지하세요 `Unit`

프롬프트는 간결하게 작성하는 것이 중요합니다. 복잡한 문장은 피하고 요점을 강조하세요. 여러 절로 구성된 중문보다는 단문을 여러 개 사용하는 것이 좋습니다. 간결한 프롬프트는 코파일럿이 더 정확하게 이해하고, 신속하게 응답하는 데 도움이 됩니다. 짧고 간결한 단문을 여러 개 사용하되, 각 문장은 `Shift` + `Enter↵` 키로 연결하세요. 이와 관련해서는 뒤에서 다시 언급합니다.

10 프롬프트에 예시를 포함하세요 `Unit`

가능하다면 프롬프트에 예시를 포함하세요. 예를 들어 시를 작성할 때 원하는 스타일이나 주제를 언급하면 코파일럿이 더 정확하게 안내할 수 있습니다. 코딩할 때에도 자신이 시도했던 코드 일부를 제공하면 디버깅이나 개선을 더 잘 지원할 수 있습니다.

09 프롬프트 엔지니어링 사례 4가지 SECTION

앞에서 살펴본 프롬프트 작성 노하우 10가지를 바탕으로 프롬프트 엔지니어링 사례들을 살펴봅니다. 효과적인 프롬프트를 작성하려면 다음 예를 참고하세요.

① 레시피 작성

단순한 프롬프트	케이크를 어떻게 만들지?
더 좋은 프롬프트	주말에 홈 파티를 하려고 한다. 참석 인원은 30대 여성과 남성이 각각 3명씩이다. 이때 친구들과 먹을 바나나 머핀을 만들고 싶다. 겉은 바삭하면서 속은 촉촉함이 살아있도록 하려면 어떻게 베이킹하는 게 좋을까?

② 기사 내용 요약

단순한 프롬프트	이 기사를 요약해줘. [기사 URL]
더 좋은 프롬프트	나는 회사의 CFO를 맡고 있고 신문 기사를 검토할 시간이 부족하다. 이 기사에 대한 간결한 요약을 제공하되, CFO의 관점에서 알아야 할 사항 위주로 정리해줘. [기사 URL]

③ 블로그 게시물 작성

단순한 프롬프트	요가의 이점에 대한 블로그 게시물을 작성해줘.
더 좋은 프롬프트	블로그 글을 작성하려고 한다. 주제는 '스트레스 감소를 위한 요가의 이점'이다. 친근하고 자연스러운 문장으로 작성하고 실제 사례를 포함해줘. 이 글은 20대 후반에서 30대 초반의 직장인 여성들이 주된 독자(Target Reader)이다.

④ 코드 생성

단순한 프롬프트	기본적인 기능을 포함한 계산기용 Python 코드를 작성해줘.
더 좋은 프롬프트	너는 수석 소프트웨어 엔지니어이다. 덧셈, 뺄셈, 곱셈, 나눗셈을 포함하는 기본 계산기용 Python 코드를 작성하고 싶다. 코드를 작성하고 모든 라인에 주석으로 설명을 자세하게 달아줘.

10 전자 필기장으로 길고 복잡한 프롬프트 작성하기 SECTION

앞에서 '길고 복잡한 프롬프트'를 작성할 때에는 단문으로 하고, 각 문장은 Shift + Enter↵ 키로 연결할 수 있다고 소개했습니다. 코파일럿에 있는 [전자 필기장]을 사용하면 길고 복잡한 프롬프트를 편리하게 작성할 수 있습니다.

01 코파일럿 사이트 위쪽에 있는 [전자 필기장]을 선택합니다.

02 [전자 필기장] 화면이 나타납니다. 윗부분이 질문창이고 아랫부분은 결과창입니다. 질문창에 프롬프트를 작성하면 되며, [전자 필기장]에서는 그냥 Enter↵ 키를 누르면 줄바꿈 처리가 됩니다.

프롬프트 너는 지금부터 나의 영어 선생님이야. 너의 목표는 나에게 쉬운 영어 문장을 알려주는 것이다. 나는 중학교 2학년 수준에서 영어 공부를 하려고 한다. 다음 조건을 모두 충족하는 영어 문장을 알려줘.

1) 중학교 2학년이 알아야 할 수준의 문장을 5개 뽑아줘.
2) 1형식과 2형식은 제외하고 3, 4형식 중심으로 하되, 너무 어렵지 않은 문장으로 구성해.
3) 문장에서 가장 중요한 단어는 굵은 글씨로 표시한다.

출력할 형식은 다음과 같다.
(예) 영어 문장 | 단어 (발음 기호)
　　 한글 해석

03 프롬프트 작성이 끝났으면 [제출] 아이콘 ⊙을 클릭합니다. [전자 필기장]에서는 일반 채팅창에서와는 달리 Enter↵ 키를 누르면 줄바꿈처리가 됩니다.

04 결과가 표시됩니다.

⚠️ **주의**

[전자 필기장]은 길고 복잡한 프롬프트를 단계적으로 구조화해서 입력하기 편리합니다. 하지만 일반 채팅창에서처럼 코파일럿과 채팅을 주고받으며 결과물을 보완할 수는 없습니다. 결과가 마음에 들지 않으면 프롬프트를 수정하고 제출 아이콘 ⊙ 을 클릭하여 다시 작성합니다. 이때 재작성할 수 있는 횟수는 30회(일반 대화창과 마찬가지)로 제한되며, 현재 몇 번째 질문인지는 결과창 오른쪽 아래의 숫자로 알 수 있습니다.

네, 알겠습니다. 중학교 2학년 수준에서 공부할 수 있는 3, 4형식의 영어 문장을 아래에 제공하겠습니다.

1. **She is given a book by her teacher.** | given (/ˈɡɪvən/)

   ○ 그녀는 선생님에게서 책을 받았다.

2. **The cake was eaten by the children.** | eaten (/ˈiːtən/)

   ○ 케이크는 아이들에게 먹혔다.

3. **The letter was written by Tom.** | written (/ˈrɪtən/)

👍 👎 🗖 ⬇ 🔗   ● 1 / 30

MEMO

코파일럿으로 엑셀 기본 기능 자동화하기

코파일럿은 생성형 AI의 한 종류입니다. 생성형 AI는 정해진 답을 내놓는 것이 아니라 AI가 학습을 통해 결과를 **그때그때 만들어내는 특징**이 있습니다. 따라서 비슷하거나 심지어는 **같은 프롬프트를 사용하더라도 결과는 달라질 수 있습니다.** 만약 여러분이 원하는 결과가 나오지 않는다면 프롬프트를 조금씩 바꿔가면서 반복해보시기 바랍니다.

Chapter 02에서는 코파일럿을 이용하여 엑셀의 기본 기능을 어떻게 사용하는 지에 대해 알아봅니다. 필터와 조건부 서식, 사용자 지정 서식, 정렬 등 엑셀의 기본 기능을 사용하는 방법을 코파일럿이 알려줍니다. 또한 코파일럿과 함께 사용하면 생산성을 향상시킬 수 있는 노하우들을 [보너스 예제]로 수록했습니다.

> **참고**
> 1. 이 책에서는 '질문', '명령(어)', '프롬프트'를 같은 의미로 사용합니다. 상황에 따라 적절한 단어를 사용합니다.
> 2. 앞으로는 별도의 설명이 없는 한 **마이크로소프트 엣지 브라우저에서 코파일럿 사이트에 접속한 상태**를 전제로 설명합니다.

01 결과물을 간결한 표로 만드는 법 SECTION

코파일럿에 대한 기본 지식과 사용 방법, 프롬프트를 작성하는 노하우까지 두루 알아보았습니다. 코파일럿은 챗GPT와 마찬가지로 LLM(대형 언어 모델)의 하나이므로 텍스트 생성에 뛰어난 능력을 보여줍니다. 알고 싶은 주제를 알려주고 개요(Outline)를 짜달라고 하면 구조적으로 잘 만들어줍니다.

01 예를 들어, 아모레퍼시픽과 로레알의 특징을 비교해 달라고 하면 두 회사의 특징을 순식간에 정리해 줍니다.

만약 내용이 미심쩍거나 추가로 더 알고 싶은 내용이 있다면 답변 아래쪽의 각주(자세한 정보)를 통해 확인할 수 있습니다. 챗GPT와는 다른 점 중 하나죠.

아모레퍼시픽

- 아모레퍼시픽은 설화수, 헤라, 아이오페, 이니스프리, 라네즈 등의 브랜드를 소유한 기업입니다[1].
- 아모레퍼시픽은 미주 시장을 겨냥한 하이엔드 브랜드로 시작하였으며, 미주, 일본, 홍콩, 호주 등에 진출하였습니다[1].
- 아모레퍼시픽은 다양한 제품 라인업으로 다양한 소비자층을 대상으로 하며, 글로벌 시장에서 강력한 입지와 판매 네트워크를 가지고 있습니다[2].
- 아모레퍼시픽의 대표 제품으로는 '타임 레스폰스'가 있으며, 이 제품은 '차 (Tea)'에 대한 아모레퍼시픽의 집념이 엿보이는 부분입니다[3].

로레알

- 로레알은 연간 30조 원 이상의 매출을 달성하는 세계 1위의 화장품 기업입니다[4].
- 로레알은 염색부터 모발관리, 스킨케어, 메이크업, 향수 등 화장품 전 라인에 대한 브랜드 포트폴리오를 보유하고 있습니다[4].
- 로레알의 성공 비결은 M&A를 통한 브랜드 포트폴리오, 연구개발, 인재경영 등 세 가지로 볼 수 있습니다[4].
- 로레알은 전 세계 42개 공장을 운영하고 있으며, 제품의 90% 이상을 직접 제조하고 있습니다[4].

두 브랜드 모두 각각의 특징과 강점을 가지고 있으며, 소비자의 개인적인 취향과 필요에 따라 선택하시면 됩니다.

자세한 정보 | 1 blog.naver.com | 2 blog.naver.com | 3 blog.naver.com | 4 brunch.co.kr | +7 더 보기

● 1 / 30

(?) 아모레퍼시픽과 로레알 중 어떤 브랜드가 더 인기 있나요? | 로레알의 제품 중에서 추천해주실만한 것이 있을까요?

화장품 선택 시 고려할 요소는 무엇인가요?

프롬프트 아모레퍼시픽과 로레알 화장품의 특징을 비교해줘.

02 코파일럿은 결과물을 텍스트나 이미지 형태뿐만 아니라 표 형태로도 만들어줍니다. 방법은 매우 간단합니다. '표'로 만들어달라고 요청하기만 하면 됩니다. 같은 대화창에서라면 이전에 사용자와의 대화 내용을 기억하고 있으므로 더욱 간결하게 질문할 수 있습니다. 회사 이름을 다시 언급할 필요 없이 '두 회사'라고만 하면 됩니다.

> **프롬프트** 두 회사의 특징을 비교하는 표를 만들어줘. 가격대, 주고객층, 상품라인, 핵심성분, 브랜드 이미지 관점에서 정리해.

03 요청한 5가지 관점에서 비교한 표를 뚝딱 작성합니다. 하나의 대화창에서는 최대 30개까지 질문할 수 있습니다. 지금이 몇 번째 질문인지에 대한 정보는 출처 아래쪽에 숫자로 표시됩니다(예: 2/30).

04 작성된 표 오른쪽 위에는 아이콘이 있습니다([Excel에서 편집] 아이콘). 이것을 클릭하면 표의 내용이 온라인(Online)용 Excel에 열리며, 내용을 편집할 수 있습니다.

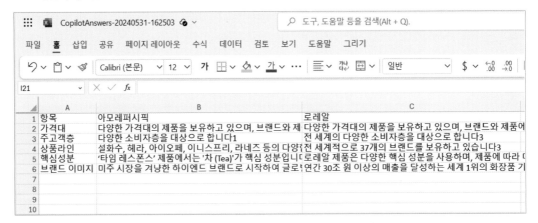

[Excel에서 편집] 아이콘을 이용하거나 표 영역을 범위로 지정하고 복사(Ctrl + C)한 다음, Excel 워크시트에 붙여넣기(Ctrl + V)하여 작업할 수도 있습니다. Excel Online에서는 코파일럿 결과의 표 형태가 그대로 표시되지는 않으므로 개인적으로는 복사/붙여넣기를 주로 이용합니다.

05 이번에는 실습용 데이터 표를 만들기 위한 프롬프트를 작성합니다. [새 토픽] 아이콘을 클릭하여 새로운 대화창을 엽니다. 프롬프트를 작성하고 Enter↵ 키를 누르거나 [제출] 아이콘을 클릭합니다.

> **프롬프트** 엑셀에서 사용할 연습용 표를 만들고 싶다. 표의 '필드'는 사번, 이름, 부서, 직위, 입사일자 정도로 하고, 행 수는 30개로 작성해줘.

06 요청한 표가 생성되었습니다. 만약 전체 표 내용을 보여주지 않는다면 모두 표시하라고 명령을 내리면 됩니다(예: "내용을 일부만 표시하지 말고 001부터 030까지 모두를 보여줘.").

07 마우스를 이용하여 표를 범위로 지정하고 Ctrl + C 키를 눌러 복사합니다.

08 엑셀로 가서 빈 워크시트를 하나 삽입하고 Ctrl + V 키를 눌러 붙여넣기합니다.

09 서식을 일부 조정하여 표를 완성합니다.

	A	B	C	D	E	F
1	사번	이름	부서	직위	입사일자	
2	1	홍길동	영업부	대리	2022-01-15	
3	2	김철수	인사부	사원	2021-11-03	
4	3	이영희	마케팅부	과장	2020-05-20	
5	4	박민수	개발부	차장	2019-09-10	
6	5	정지원	영업부	대리	2023-03-01	
7	6	유나	인사부	사원	2022-08-12	
8	7	송재호	마케팅부	과장	2021-04-05	
9	8	김민지	개발부	차장	2020-11-20	
10	9	이승호	영업부	대리	2019-07-15	
11	10	박지현	인사부	사원	2018-12-03	
12	11	최민수	마케팅부	과장	2017-05-20	
13	12	김태희	개발부	차장	2016-09-10	
14	13	이준호	영업부	대리	2015-03-01	
15	14	정유진	인사부	사원	2014-08-12	
16	15	박상호	마케팅부	과장	2013-04-05	

 **코파일럿의 [대화 스타일]에 대하여**

코파일럿은 대화창 위에 있는 '대화 스타일 선택'을 통해 코파일럿의 답변 스타일을 고를 수 있습니다.

- **보다 창의적인**: 독창적이고 상상력이 넘치는 대화를 위해 설계되었습니다. 짧은 이야기 작성, 재미있는 반려동물 이름 짓기 등 창의적인 작업에 적합합니다.
- **보다 균형 있는**: 일상적이고 정보에 입각한 대화를 할 때 사용할 수 있습니다. 여행 계획 세우기, 제품 추천 찾기 등 포괄적인 정보 제공과 간결함 사이의 균형을 유지합니다.
- **보다 정밀한**: 사실을 알아내는 데 유용한 간결한 대화를 위해 설계되었습니다. 수학 계산, 역사적 날짜 찾기 등 정확한 답변이 필요할 때 유용합니다. 엑셀이나 코딩과 관련된 작업을 할 때에는 이 옵션을 선택하는 것이 좋습니다.

지금 어떤 대화 스타일이 선택되었는지는 아이콘 색깔을 통해서도 알 수 있습니다.

보다 창의적인   보다 균형 있는   보다 정밀한

⚠️ **주의**

Copilot의 대화 스타일 관련 참고 사항

Copilot의 대화 스타일은 3가지 중에서 선택할 수 있도록 되어 있었습니다. 하지만 어느 순간 일부 국가에서는 이 기능이 제거되었습니다. 이것이 의도적인지 아니면 버그인지 현재로서는 확실하지 않습니다. 미국을 비롯한 일부 국가에서는 대화 스타일을 여전히 선택할 수 있는 것으로 알려져 있고, 엣지(Edge) 브라우저가 아닌 크롬(Chrome)이나 모바일 앱에서는 여전히 대화 스타일을 선택할 수 있습니다. 대화창 위에 대화 스타일을 선택할 수 있는 탭이 있다면 상황에 따라 대화 스타일을 선택해서 사용하고, 그렇지 않은 경우에는 그대로 진행하시기 바랍니다.

02 코파일럿으로 고급 필터 사용하기 SECTION

⊙ **예제 파일**: 예제\02장\직원명부.xlsx

'직원명부'에서 '직위'가 '대리'에 해당하는 자료만 추출하여 특정한 위치(여기서는 I1 셀)에 표시하고자 합니다. 어떻게 하면 되는지 코파일럿에게 물어보겠습니다.

01 문제가 되는 상황이나 하고자 하는 바를 채팅하듯이 코파일럿에게 설명합니다.

> **프롬프트** 엑셀 워크시트 A:E열에 데이터가 있다. D열에는 '직위' 정보가 있는데, '직위'가 '대리'인 데이터만 I1 셀부터 표시하고 싶다. '고급 필터'를 사용하여 원본 데이터는 그대로 둔 채, 조건을 충족하는 데이터를 I1 셀부터 표시하려면?

> **참고** 프롬프트를 작성할 때 중요한 단어에는 구분 기호(위의 경우에는 작은 따옴표)를 사용하면 코파일럿에게 좀 더 명확하게 전달할 수 있습니다. 구분 기호는 정해진 것이 없으며, 본인에게 편리한 것을 사용하면 됩니다(예: 큰 따옴표 " ", 대괄호 [ ] 등).

02 결과가 표시됩니다.

> Copilot
>
> ✓ 답변 생성 중…
>
> 고급 필터를 사용하여 엑셀 워크시트에서 '직위' 열의 값이 '대리'인 데이터를 i1셀부터 표시하는 방법을 알려드리겠습니다. 아래 단계를 따라주세요:
>
> 1. **데이터 영역 선택**: 엑셀 워크시트에서 a:e열에 해당하는 데이터 영역을 선택합니다.
>
> 2. **고급 필터 실행**: 데이터 영역이 선택된 상태에서 '데이터' 메뉴에서 깔때기 모양의 '고급 필터'를 클릭합니다.
>
> 3. **조건 설정**:
>   ◦ 필드명: '직위'
>   ◦ 조건: '대리'
>
> 4. **복사 위치 지정**: '고급 필터' 대화상자에서 '다른 장소에 복사'를 선택하고 i1셀을 클릭하여 복사 위치를 지정합니다.
>
> 5. **확인**: 확인 버튼을 클릭하여 조건을 충족하는 데이터를 i1셀부터 표시합니다.
>
> 이렇게 하면 원본 데이터는 그대로 유지되며, '직위'가 '대리'인 데이터만 표시될 것입니다. 1 2 3 4 5
>
> 엑셀에서 고급 필터를 사용하면 원하는 조건에 맞는 데이터를 효과적으로 필터링할 수 있습니다. 1 2 3 4 5

⚠ **주의**

앞의 이미지에서와 같은 프롬프트를 사용하더라도 코파일럿이 제시하는 결과는 다를 수 있습니다. 이것은 생성형 AI의 특징에서 기인한 것입니다. 만약 원하는 결과가 나오지 않는다면 프롬프트를 조금씩 바꿔가면서 반복해서 시도해보세요.

03 '직원명부'로 가서 코파일럿이 알려준 내용을 참고하여 진행합니다. 코파일럿이 알려준 대로 진행하면 원하는 결과를 얻을 수 없습니다. '고급 필터'를 사용하기 전에 '조건 범위'를 작성해 두어야 합니다. '직위'가 '대리'인 데이터를 표시하기 위해 다음과 같이 조건 범위를 지정합니다.

	A	B	C	D	E	F	G	H	I
1	사번	이름	부서	직위	입사일자		직위		
2	1	홍길동	영업부	대리	2022-01-15		대리		
3	2	김철수	인사부	사원	2021-11-03				
4	3	이영희	마케팅부	과장	2020-05-20				
5	4	박민수	개발부	차장	2019-09-10				
6	5	정지원	영업부	대리	2023-03-01				
7	6	유나	인사부	사원	2022-08-12				

04 데이터 내부의 셀을 선택하고 [데이터] 탭 – [정렬 및 필터] 그룹 – [고급] 메뉴를 클릭합니다.

05 [고급 필터] 대화상자에서 '다른 장소에 복사'를 선택합니다(이 부분은 코파일럿의 답변에서 빠져 있었습니다). '조건 범위'와 '복사 위치'를 지정합니다.

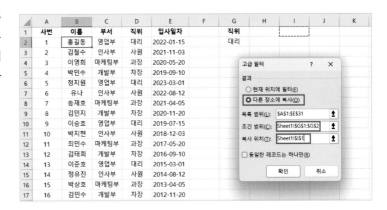

06 [확인] 버튼을 클릭하면 지정한 곳에 결과가 표시됩니다.

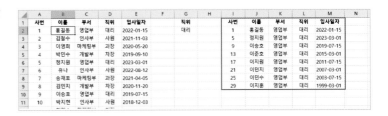

참고 엑셀을 잘 모르더라도 자신이 하고자 하는 바를 코파일럿에게 명확히 전달할 수 있다면 문제를 해결할 수 있습니다. 하지만 엑셀에 대해 많이 알고 있을수록 시행착오를 줄이고 효율적으로 진행할 수 있습니다.

03 여러 줄로 입력된 데이터를 한 줄로 만들기   SECTION

⊙ **예제 파일**: 예제\02장\강제 줄 바꿈.xlsx

셀에 데이터를 입력할 때 Alt + Enter↵ 키를 이용하면 '강제 줄 바꿈' 처리가 됩니다. 예제 파일을 보면 강제 줄 바꿈 처리를 통해 입력된 데이터가 있습니다('변경 전'). 이것을 '변경 후'와 같이 한 줄로 변경하려면 어떻게 해야 할까요?

01 프롬프트를 작성합니다. [Alt]+[Enter], 강제 줄 바꿈, 한 줄 등의 단어를 이용하여 문장을 만듭니다.

> 프롬프트   alt+enter로 강제 줄바꿈된 엑셀 데이터를 한 줄로 만들려면?

02 코파일럿은 다음과 같은 결과를 알려줍니다.

03 코파일럿의 답변을 참고로 실행해보겠습니다. 대상 영역(여기서는 B2 셀)을 선택하고 Ctrl + H 키를 누릅니다. [홈] 탭 – [편집] 그룹 – [찾기 및 선택] – [바꾸기] 메뉴를 선택해도 됩니다.

04 [찾기 및 바꾸기] 대화상자가 나타납니다. [찾을 내용] 입력란에는 Ctrl + J 키를 누릅니다. 이것은 줄바꿈 기호를 입력하는 특수 문자입니다. [바꿀 내용] 입력란에는 Space Bar 키를 한 번 눌러서 공백 문자를 입력합니다(강제 줄바꿈 특수 문자를 빈 문자로 바꾸기 위해서입니다).

주의

줄바꿈 기호를 눈으로 확인하기는 어렵습니다. 줄바꿈 기호(Ctrl + J)를 입력하면 커서 크기가 절반 정도로 줄어든 채 깜빡거리는 것을 보고 짐작할 수 있습니다. 안 보인다고 해서 여러 번 입력하면 오류가 발생할 수 있으므로 입력 시 주의하세요.

05 [모두 바꾸기] 버튼을 클릭합니다. 4개 항목이 바뀌었다는 메시지 상자가 나타납니다. [확인] 버튼을 클릭한 다음, [찾기 및 바꾸기] 대화상자를 닫습니다.

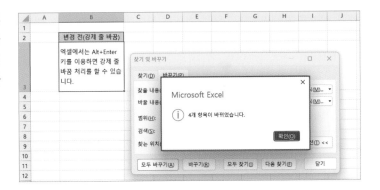

06 B2 셀을 보면 원래 상태와는 다르지만 여전히 여러 줄로 표시되어있습니다. B2 셀을 선택하고 Ctrl + 1 키를 누릅니다.

07 [셀 서식] 대화상자의 [맞춤] 탭에서 '자동 줄 바꿈' 항목의 체크 표시를 해제합니다.

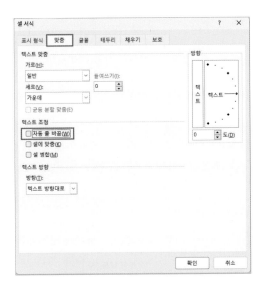

08 [확인] 버튼을 클릭하면 한 줄로 표시됩니다.

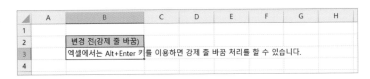

04   [보너스 예제] 여러 셀 내용을 한 셀로 합치는 쉬운 방법   SECTION

◉ **예제 파일**: 예제\02장\강제 줄 바꿈.xlsx

강제 줄 바꿈'에 대해 다룬 김에 재미있는 예제를 하나 살펴보겠습니다. 여러 셀에 있는 내용을 하나의 셀에 합치고자 할 때에는 흔히 &(엠퍼샌드: ampersand)나 함수(CONCATENATE, CONCAT, TEXTJOIN 등)를 사용합니다. 하지만 이 방법을 사용하면 더 간단하게 처리할 수 있습니다.

01   합치려는 영역을 범위로 지정합니다.

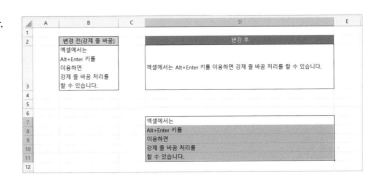

02   [홈] 탭 – [편집] 그룹 – [채우기] – [양쪽 맞춤] 메뉴를 선택하면 끝납니다.

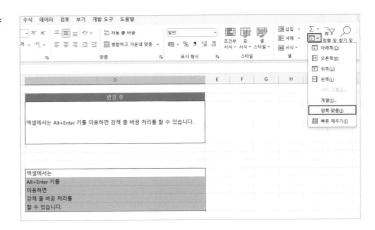

03   아무런 함수를 사용하지 않았음에도 불구하고 지정한 영역에 있는 데이터가 하나의 셀에 합쳐집니다.

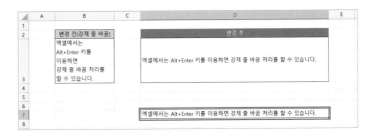

[양쪽 맞춤] 채우기의 경우, 하나로 붙여넣을 공간이 충분히 넓으면 한 셀에 내용이 다 들어갑니다. 이때 공간(열 너비)이 충분하지 않으면 두 개, 혹은 그 이상의 셀에 분리되어 값이 채워집니다.

책에서 소개한 내용을 비롯한 다양한 팁을 알 수 있는 영상입니다.

https://youtu.be/O_BbjDz3MU0?si=Mz63oByc2ZACuAE3

05 두 개의 표에서 중복 데이터 쉽게 찾아내기

◉ **예제 파일:** 예제\02장\중복 데이터 찾기.xlsx

2개의 '일자별 출고 리스트'가 있습니다. 각 출고리스트를 비교하여 '출지번호'가 중복된 데이터에 표시를 하려고 합니다. 이런 문제도 코파일럿의 도움을 받으면 해결의 실마리를 찾을 수 있습니다.

	A	B	C	D	E	F	G	H	I	J	K	L	M
1													
2				출고 리스트 1					출고 리스트 2				
3													
4		출지번호	DC	주문일	출고예정일	실제출고일		출지번호	DC	주문일	출고예정일	실제출고일	
5		2024011506	11	2024-01-15	2024-01-18	2022-01-18		2024011502	11	2024-01-15	2024-01-18	2022-01-18	
6		2024012110	11	2024-01-21	2024-01-24	2022-01-25		2024012105	11	2024-01-21	2024-01-24	2022-01-26	
7		2024011707	11	2024-01-17	2024-01-20	2022-01-20		2024020401	11	2024-02-04	2024-02-06	2022-02-06	
8		2024012007	11	2024-01-20	2024-01-23	2022-01-25		2024012411	22	2024-01-24	2024-01-25	2022-01-25	
9		2024012102	21	2024-01-21	2024-01-22	2022-01-22		2024020510	22	2024-02-05	2024-02-07	2022-02-09	
10		2024012202	11	2024-01-22	2024-01-23	2022-01-25		2024012205	11	2024-01-22	2024-01-23	2022-01-25	
11		2024012304	11	2024-01-23	2024-01-25	2022-01-25		2024012308	11	2024-01-23	2024-01-25	2022-01-25	
12		2024012401	22	2024-01-24	2024-01-25	2022-01-25		2024012703	11	2024-01-27	2024-01-30	2022-02-02	
13		2024012410	21	2024-01-24	2024-01-27	2022-01-27		2024012405	21	2024-01-24	2024-01-29	2022-01-25	
14		2024012404	11	2024-01-24	2024-01-25	2022-01-25		2024012401	22	2024-01-24	2024-01-25	2022-01-25	
15		2024012703	21	2024-01-27	2024-01-29	2022-01-29		2024012705	21	2024-01-27	2024-01-29	2022-01-29	
16		2024012809	11	2024-01-28	2024-02-01	2022-02-02		2024012810	11	2024-01-28	2024-02-01	2022-02-02	
17		2024012703	11	2024-01-27	2024-01-30	2022-02-02		2024012709	11	2024-01-27	2024-01-30	2022-02-02	
18		2024012906	22	2024-01-29	2024-02-02	2022-02-02		2024012909	22	2024-01-29	2024-02-02	2022-02-03	
19		2024020101	21	2024-02-01	2024-02-02	2022-02-02		2024012411	22	2024-01-24	2024-01-25	2022-02-02	
20		2024013008	11	2024-01-30	2024-02-01	2022-02-02		2024020103	21	2024-02-01	2024-02-02	2022-02-02	
21		2024020244	11	2024-02-02	2024-02-05	2022-02-05		2024013006	11	2024-01-30	2024-02-01	2022-02-02	
22		2024020401	11	2024-02-04	2024-02-06	2022-02-06		2024020210	11	2024-02-02	2024-02-05	2022-02-05	
23		2024020510	22	2024-02-05	2024-02-07	2022-02-09		2024020410	11	2024-02-04	2024-02-06	2022-02-06	
24		2024020606	11	2024-02-06	2024-02-08	2022-02-09		2024013008	11	2024-01-30	2024-02-01	2022-02-02	
25								2024012304	11	2024-01-23	2024-01-25	2022-01-25	

01 채팅창에 프롬프트를 입력합니다. "2개의 열"에 있는 데이터를 "비교"해서 "중복 데이터"가 있는지를 찾는 것이 목적입니다. 큰 따옴표로 표기한 키워드를 참고로 질문을 작성합니다.

> **프롬프트** 엑셀 워크시트에 있는 2개의 열을 비교하여 "중복되는 값"에는 특정한 서식으로 표시하려면?

02 Enter↵ 키를 누르거나 [제출] 아이콘을 클릭합니다. 코파일럿이 알려준 해법 중에서 '조건부 서식'을 이용합니다.

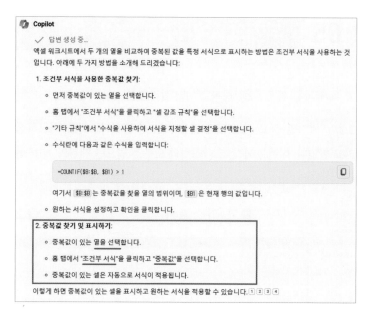

03 코파일럿의 조언을 참고로 진행합니다. 예제 파일을 열고 비교 대상인 2개의 열 범위를 지정합니다. 엑셀에서는 Ctrl 키를 이용하면 떨어져 있는 여러 영역을 선택할 수 있습니다. B5:B24 영역을 선택합니다. 이 상태에서 Ctrl 키를 누른 채 H5:H25 영역을 선택합니다.

04 [홈] 탭 – [스타일] 그룹 – [조건부 서식] – [셀 강조 규칙] – [중복 값] 메뉴를 선택합니다.

05 [확인] 버튼을 클릭하면 중복된 값이 있는 셀에는 서식이 지정됩니다.

[중복 값] 대화상자를 통해 [중복]된 값이 아니라 [고유]한 값에 서식을 지정할 수도 있고, 표시할 서식도 다양하게 지정할 수 있습니다.

 TIP 책에서 소개한 내용을 비롯한 다양한 팁을 알 수 있는 영상입니다.

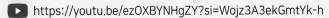 https://youtu.be/ezOXBYNHgZY?si=Wojz3A3ekGmtYk-h

06 나만의 기준으로 데이터 정렬하기   SECTION

⊙ **예제 파일:** 예제\02장\사용자 지정 정렬.xlsx

데이터를 정렬한다고 하면 대개 '가나다순(오름차순)'이나 그 역순(내림차순)을 떠올립니다. 아래 그림의 오른쪽 표처럼 나타내고 싶은데 '팀명'을 기준으로 정렬하면 왼쪽 표와 같이 의도와는 다르게 정렬됩니다. '경상 → 남부 → 동부 → 북부…'가 아니라 '동부 → 서부 → 남부 → 북부…' 순서로 정렬하고 싶습니다.

팀명	1월	2월	3월	4월	5월		팀명	1월	2월	3월	4월	5월
경상	5,088	4,066	2,879	4,662	3,118		동부	1,522	4,428	3,946	2,976	2,539
남부	2,722	3,011	5,772	4,647	1,772		서부	5,843	3,544	1,784	2,984	4,229
동부	1,522	4,428	3,946	2,976	2,539		남부	2,722	3,011	5,772	4,647	1,772
북부	2,073	3,353	4,638	5,835	5,225		북부	2,073	3,353	4,638	5,835	5,225
서부	5,843	3,544	1,784	2,984	4,229		경상	5,088	4,066	2,879	4,662	3,118
호남	3,869	3,668	1,876	3,526	2,736		충청	2,055	5,435	2,687	1,938	2,761
제주	824	689	929	328	592		호남	3,869	3,668	1,876	3,526	2,736
충청	2,055	5,435	2,687	1,938	2,761		제주	824	689	929	328	592

(팀별/월별 실적)

01 하고자 하는 작업의 키워드를 생각해 봅니다. 이번에는 심플하군요. "나만의 기준", "정렬" 정도를 떠올릴 수 있습니다. 중요하다고 생각되는 키워드에 구분 기호를 사용하면 보다 명확하게 전달할 수 있습니다.

> 프롬프트   엑셀에서 자료를 정렬하려고 한다. 오름차순이나 내림차순이 아닌 "나만의 기준"으로 정렬하려면?

02 Enter↵ 키를 누르거나 [제출] 아이콘을 클릭하면 코파일럿이 결과를 알려줍니다. '사용자 지정 목록'이라는 단어가 중요합니다.

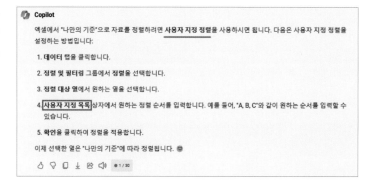

> **Copilot**
> 엑셀에서 "나만의 기준"으로 자료를 정렬하려면 **사용자 지정 정렬**을 사용하시면 됩니다. 다음은 사용자 지정 정렬을 설정하는 방법입니다:
>
> 1. 데이터 탭을 클릭합니다.
> 2. 정렬 및 필터링 그룹에서 정렬을 선택합니다.
> 3. 정렬 대상 열에서 원하는 열을 선택합니다.
> 4. **사용자 지정 목록** 상자에서 원하는 정렬 순서를 입력합니다. 예를 들어, "A, B, C"와 같이 원하는 순서를 입력할 수 있습니다.
> 5. 확인을 클릭하여 정렬을 적용합니다.
>
> 이제 선택한 열은 "나만의 기준"에 따라 정렬됩니다. ☺

03 코파일럿의 답변을 적용해보겠습니다. 예제 파일의 [연습] 시트를 엽니다. 표 내부의 셀을 하나 선택하고 [데이터] 탭 – [정렬 및 필터] 그룹 – [정렬] 메뉴를 선택합니다.

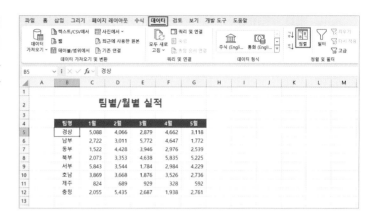

04 [정렬] 대화상자에서 [정렬] 아래에 있는 드롭다운 버튼을 클릭하고 [사용자 지정 목록…]을 선택합니다.

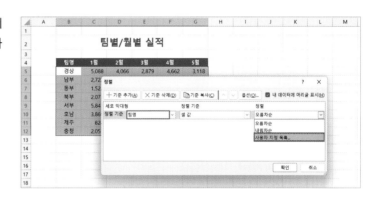

05 [사용자 지정 목록] 대화상자가 나타납니다. [목록 항목]에 자신이 원하는 순서대로 목록을 입력합니다. [추가] 버튼을 클릭하면 [사용자 지정 목록]에 새로운 사용자 지정 목록이 추가됩니다.

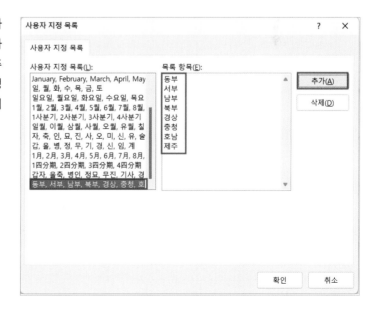

06 [확인] 버튼을 클릭하면 '팀명'이 동부 → 서부 → 남부 → 북부… 순으로 정렬됩니다.

07   **[보너스 예제] 이미 입력되어있는 자료를 사용자 지정 목록에 추가하기**   SECTION

◉ **예제 파일**: 예제\02장\사용자 지정 정렬.xlsx

'사용자 지정 목록'에 추가할 내용이 얼마 되지 않는다면 앞에서 소개한 방법을 사용하면 됩니다. 하지만 추가할 목록이 많거나 워크시트에 이미 입력되어있다면 다른 방법으로 추가할 수 있습니다.

01   사용자 지정 목록을 작성합니다.

02   [파일] – [옵션] 메뉴를 선택합니다.

03   [Excel 옵션] 대화상자에서 [고급] 탭 – [일반] 섹션 – [사용자 지정 목록 편집] 버튼을 클릭합니다.

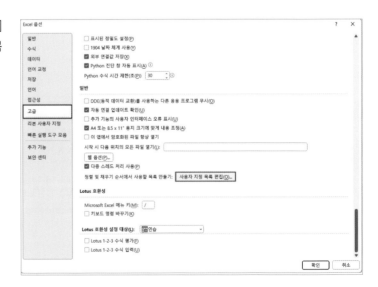

04 [사용자 지정 목록] 대화상자에서 [목록 가져올 범위] 오른쪽에 있는 아이콘을 클릭합니다.

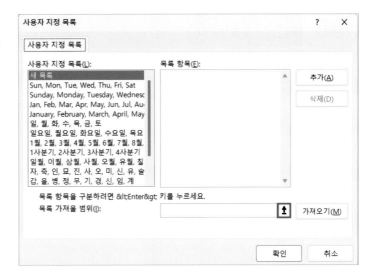

05 가져올 데이터가 있는 영역(여기서는 J5:J12 영역)을 마우스로 드래그하면 [사용자 지정 목록] 대화상자에 자동으로 범위가 입력됩니다.

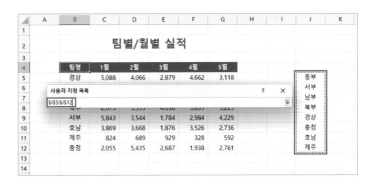

06 Enter↵ 키를 누르면 [옵션] 대화상자가 나타납니다. [가져오기] 버튼을 클릭하면 [목록 항목]과 [사용자 지정 목록]에 목록이 추가됩니다.

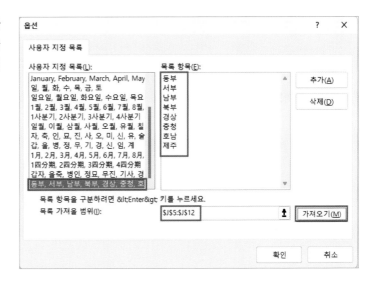

07 이제부터는 언제든 자신이 추가한 사용자 지정 목록을 사용할 수 있습니다.

08 데이터 맨 앞이나 뒤에 특정 문자 일괄 추가하기 SECTION

⊙ **예제 파일**: 예제\02장\부품단가표.xlsx

부품별 단가표가 있습니다. 왼쪽에 있는 데이터를 오른쪽 표와 같이 바꾸고자 합니다. 즉, '부품번호' 앞에는 분류코드 'SC'를 추가하고, '담당자' 이름 뒤에는 존칭(' 님')을 일괄 추가하는 겁니다. 보조 열을 사용하여 함수를 추가하거나 다른 방법이 있겠지만 번거롭습니다. 코파일럿으로 해법을 찾아보겠습니다.

	A	B	C	D	E	F	G	H	I	J	K	L	M
1													
2		부품번호	부품명	규격	단가	담당자		부품번호	부품명	규격	단가	담당자	
3		001	실리콘 웨이퍼	300*300*0.7	10,000	김영희		SC001	실리콘 웨이퍼	300*300*0.7	10,000	김영희 님	
4		002	에피택실	200*200*1	7,500	이철수		SC002	에피택실	200*200*1	7,500	이철수 님	
5		003	포토레지스트	150*150*0.2	5,000	박미영		SC003	포토레지스트	150*150*0.2	5,000	박미영 님	
6		004	이온 임플란트	100*100*0.5	8,200	최성호		SC004	이온 임플란트	100*100*0.5	8,200	최성호 님	
7		005	메탈 마스크	120*120*0.3	6,800	정지우		SC005	메탈 마스크	120*120*0.3	6,800	정지우 님	
8		006	티타늄 캐피시터	180*180*0.4	12,500	임영진		SC006	티타늄 캐피시터	180*180*0.4	12,500	임영진 님	
9		007	폴리실리콘	250*250*0.8	9,300	김은지		SC007	폴리실리콘	250*250*0.8	9,300	김은지 님	
10		008	알루미늄 금속화	220*220*0.6	11,200	송승현		SC008	알루미늄 금속화	220*220*0.6	11,200	송승현 님	
11		009	셀레늄 산화물	130*130*0.5	8,700	이지영		SC009	셀레늄 산화물	130*130*0.5	8,700	이지영 님	
12		010	디아조 페니롤	170*170*0.3	7,600	장현우		SC010	디아조 페니롤	170*170*0.3	7,600	장현우 님	
13		011	다이아몬드 패드	270*270*0.8	15,000	김태희		SC011	다이아몬드 패드	270*270*0.8	15,000	김태희 님	
14		012	실리콘 카바이드	280*280*0.6	13,500	박지성		SC012	실리콘 카바이드	280*280*0.6	13,500	박지성 님	
15		013	질화갈륨	190*190*0.4	10,800	강미란		SC013	질화갈륨	190*190*0.4	10,800	강미란 님	
16		014	이산화규소	160*160*0.7	9,400	정유진		SC014	이산화규소	160*160*0.7	9,400	정유진 님	
17		015	파라핀 왁스	140*140*0.2	6,300	황인철		SC015	파라핀 왁스	140*140*0.2	6,300	황인철 님	
18		016	산화아연	240*240*0.5	11,700	신지수		SC016	산화아연	240*240*0.5	11,700	신지수 님	
19		017	질화인듐	260*260*0.6	12,800	김성민		SC017	질화인듐	260*260*0.6	12,800	김성민 님	
20		018	백금 금속화	310*310*0.7	14,300	이수진		SC018	백금 금속화	310*310*0.7	14,300	이수진 님	

---

01 부품번호 앞에 분류코드 추가하기 Unit

01 '부품번호', 'SC', '셀 서식' 정도를 키워드로 하여 프롬프트를 작성합니다. 이때 부품번호가 어떤 형태로 되어있는지 함께 전달하면 코파일럿이 상황을 더 잘 파악할 수 있습니다. 하나의 문장으로 완성하려 하지 말고 단문(짧은 문장)을 여러 개 사용하는 것이 작성하기 쉽습니다.

> **프롬프트** a1 셀에는 '부품번호'가 있다. 부품번호 앞에 'SC'라는 글자를 붙이려면 어떻게 하지? '셀 서식'을 이용해서 해결하는 방법을 알려줘. 부품번호는 001, 002와 같은 형태로 되어있지만 숫자가 아닌 문자열이다.

02 Enter↵ 키를 누르거나 [제출] 아이콘을 클릭합니다. '사용자 지정' 서식을 이용한 해법을 제시하는군요. '서식 코드'를 기억해두세요. 코파일럿이 제시한 이 서식 코드는 약간의 오류가 있지만 뒤에서 수정하겠습니다.

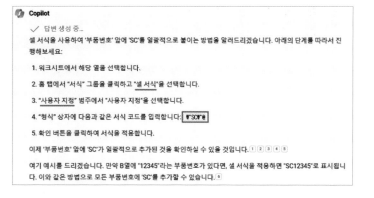

03 셀 서식을 지정할 영역(B3:B22 영역)을 범위로 지정합니다. [홈] 탭 – [셀] 그룹 – [서식] – [셀 서식] 메뉴를 클릭합니다. [셀 서식] 대화상자를 호출하는 단축키인 Ctrl + 1 키를 사용하면 더욱 편리합니다.

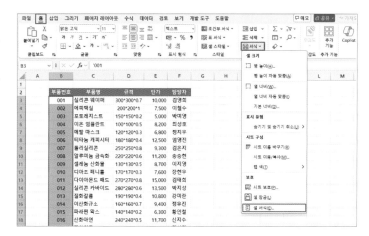

04 [표시 형식] 탭에서 [사용자 지정] 범주를 선택합니다. [형식] 란으로 가서 코파일럿이 알려준 서식 코드를 작성합니다. 코파일럿은 ₩"SC₩"@라는 서식을 알려주었지만 ₩는 불필요하므로 다음과 같이 입력합니다.

"SC"@

05 [확인] 버튼을 클릭합니다. 부품번호
    앞에 'SC'가 한꺼번에 추가됩니다.

	A	B	C	D	E	F	G
1							
2		부품번호	부품명	규격	단가	담당자	
3		SC001	실리콘 웨이퍼	300*300*0.7	10,000	김영희	
4		SC002	에피택셜	200*200*1	7,500	이철수	
5		SC003	포토레지스트	150*150*0.2	5,000	박미영	
6		SC004	이온 임플란트	100*100*0.5	8,200	최성호	
7		SC005	메탈 마스크	120*120*0.3	6,800	정지우	
8		SC006	티타늄 캐피시터	180*180*0.4	12,500	임영진	
9		SC007	폴리실리콘	250*250*0.8	9,300	김은지	
10		SC008	알루미늄 금속화	220*220*0.6	11,200	송승현	
11		SC009	셀레늄 산화물	130*130*0.5	8,700	이지영	
12		SC010	디아조 페니롤	170*170*0.3	7,600	장현우	
13		SC011	다이아몬드 패드	270*270*0.8	15,000	김태희	
14		SC012	실리콘 카바이드	280*280*0.6	13,500	박지성	
15		SC013	질화갈륨	190*190*0.4	10,800	강미란	

02 이름 뒤에 존칭 추가하기   `Unit`

01 이번에는 담당자 이름 뒤에 '님'을 붙여보겠습니다. 다음의 프롬프트를 작성합니다.

> **프롬프트** 워크시트 f열에 이름이 입력되어있다. 이름 뒤에 " 님"을 붙이려면 어떻게 하지? 셀 서식을 이용해서 해결
> 하고 싶다.

02 [Enter↵] 키를 누르거나 [제출] 아이
    콘을 클릭합니다. 코파일럿 답변 중
    에서 서식 코드를 범위로 지정하고
    [Ctrl] + [C] 키를 눌러서 복사합니다.

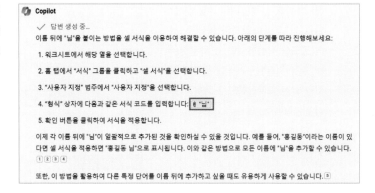

03 담당자 이름이 있는 F3:F22 영역을 선택합니다. Ctrl + 1 키를 클릭하면 [셀 서식] 대화상자가 나타납니다. [표시 형식] 탭에서 [사용자 지정] 범주를 선택합니다. [형식] 란으로 가서 Ctrl + V 키를 눌러 02에서 복사한 서식 코드를 붙여넣습니다.

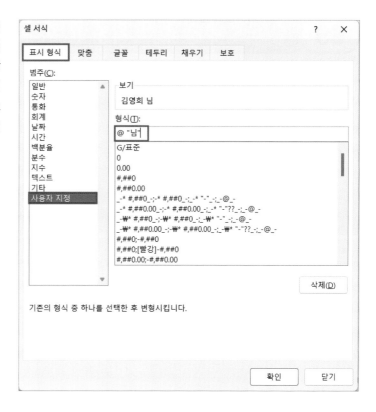

04 [확인] 버튼을 클릭합니다. 담당자 이름 뒤에 ' 님'이 일괄 추가됩니다.

05 이번 예제에서 사용한 방법을 응용하면 숫자 앞에 특정한 통화 기호를 삽입하거나 숫자 뒤에 단위를 붙이는 등 다양하게 활용할 수 있습니다.

09 [보너스 예제] 사용자 지정 서식 이해와 활용법 SECTION

⊙ **예제 파일:** 예제\02장\사용자 지정 서식.xlsx

엑셀은 '표리부동(表裏不同: 겉으로 드러나는 언행과 속으로 가지는 생각이 다름)'합니다. 사람도 아닌 엑셀을 두고 그게 무슨 소리냐고요? 엑셀은 겉으로 보이는 값(display value)과 실제 값(real value)이 다를 수 있기에 하는 말입니다. 셀에 9.6을 입력하고 [쉼표 스타일]을 적용해보세요.

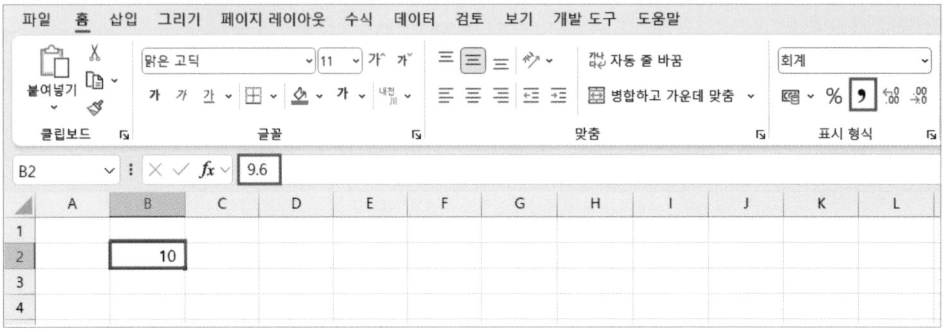

실제 값은 9.6이지만 화면에는 10으로 표시됩니다. 이처럼 엑셀은 표시 형식 지정을 통해 실제 값을 원하는 형식으로 바꿔 표시할 수 있습니다. 앞에서 살펴본 '사용자 지정 서식'에는 일정한 형식이 있습니다.

예를 들어, 입력된 숫자가 +이면 파란색, −이면 빨간색, 0이라면 '제로', 문자인 경우에는 '숫자가 아님'이라고 표시되도록 하려면 다음 서식을 사용하면 됩니다.

[파랑]G/표준;[빨강]G/표준;제로;숫자가 아님

① ② ③ ④

위의 그림을 자세히 보면 사용자 지정 서식은 네 부분으로 이루어져 있으며, 각 부분은 세미콜론(;)으로 연결되어있음을 알 수 있습니다.

	A	B	C	D
1				
2		원래 값	서식 적용	
3		12345	12345	
4		-12345	12345	
5		0	제로	
6		코파일럿+엑셀 정석	숫자가 아님	
7				

네 가지 구성 요소를 모두 다 사용할 수도 있고 일부만 사용할 수도 있습니다. '[파랑]G/표준'이라는 사용자 지정 서식은 모든 숫자나 문자를 파란색으로 표시합니다.

	A	B	C	D
9				
10		원래 값	서식 적용	
11		12345	12345	
12		-12345	-12345	
13		0	0	
14		코파일럿+엑셀 정석	코파일럿+엑셀 정석	
15				

네 가지 구성 요소 중 두 부분만 사용하면 앞부분은 양수 값과 0, 뒷부분은 음수 값에 대해 서식이 적용됩니다. '[파랑]G/표준;[빨강]G/표준'이라는 서식을 적용하면 다음과 같이 표시됩니다.

	A	B	C	D
17				
18		원래 값	서식 적용	
19		12345	12345	
20		-12345	12345	
21		0	0	
22		코파일럿+엑셀 정석	코파일럿+엑셀 정석	
23				

네 가지 구성 요소 중 세 부분만 지정하면 첫 부분은 양수 값, 두 번째 부분은 음수 값, 세 번째 부분은 0 값에 대한 서식이 적용됩니다. '[파랑]G/표준;[빨강]G/표준;제로'라는 서식을 적용하면 다음과 같이 나타납니다.

	A	B	C	D
25				
26		원래 값	서식 적용	
27		12345	12345	
28		-12345	12345	
29		0	제로	
30		코파일럿+엑셀 정석	코파일럿+엑셀 정석	
31				

코파일럿을 이용하면 사용자 지정 서식을 외우고 있지 않아도 다양하게 활용할 수 있습니다. 다만, 원리를 이해하고 있으면 코파일럿과 소통하기 편리하고 결과물을 적용하는 데에도 도움이 됩니다. 설령 조금 이상한 답변이 나오더라도 처음부터 다시 만들지 않고 편집해서 사용할 수도 있기 때문입니다. 코파일럿을 이용하여 사용자 지정 서식을 활용하는 예제를 조금 더 보도록 합니다.

10 원 단위를 천 단위 또는 백만 단위로 바꾸기 SECTION

⊙ **예제 파일:** 예제\02장\사용자 지정 서식.xlsx

힘들여서 원 단위까지 입력해서 보고서를 만들었는데 팀장님의 피드백이 이렇습니다.

> "원 단위로 해놓으니까 눈에 잘 안 들어오는군. 천 단위로 고쳐서 다시 보여줘."

이러면 여러분은 어떻게 하시나요? 근면과 성실함을 무기로 F2 키와 Back Space 키를 눌러서 수정하나요? 이제 우리에게는 어떤 터무니(?) 없는 지시를 해도 찰떡같이 해석해주는 비장의 무기가 있습니다. 코파일럿에게 물어보세요.

01 프롬프트를 작성합니다. '원', '천', '백만', '셀 서식' 등을 키워드로 문장을 구성합니다.

> **프롬프트** 엑셀 워크시트에 숫자가 '원' 단위로 입력되어있다. 이것을 '천' 또는 '백만' 단위로 변경하고 싶다. '셀 서식'으로 해결하는 방법을 알려줘.

02 Enter↵ 키를 누르거나 [제출] 아이콘을 클릭합니다. '사용자 지정 서식'을 사용하면 되고, 천원 단위는 '#,##0,' 백만원 단위는 끝에 쉼표를 하나 더 추가해서 '#,##0,,'라는 서식을 사용하라고 합니다. "실제 데이터가 바뀌는 게 아니고 그렇게 보이기만 한다"는 점까지 친절하게 알려줍니다.

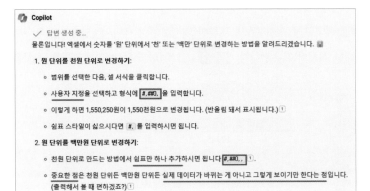

03 예제 파일의 [단위변경] 시트를 엽니다. 셀 서식을 적용할 영역(C5:E10 영역)을 범위로 지정하고 Ctrl + 1 키를 누릅니다([홈] 탭 – [셀] 그룹 – [서식] – [셀 서식] 메뉴를 선택해도 됩니다).

04 [셀 서식] 대화상자의 [표시 형식] 탭에서 [사용자 지정] 범주를 선택하고 [형식] 란에 '#,##0,'라고 입력합니다. 이때 [보기] 부분에 서식이 적용된 결과가 미리 표시됩니다.

05 [확인] 버튼을 클릭합니다. 원 단위가 천원 단위로 변경되어 표시됩니다. 다시 한 번 강조합니다. 각 셀의 실제 값은 변하지 않고 겉모습만 바뀐 점에 유의하세요. [쉼표 스타일]을 클릭하면 원래 상태, 즉 원 단위 데이터가 표시됩니다.

	A	B	C	D	E	F
1						
2			**팀별/월별 실적**			
3						
4		**구분**	**1월**	**2월**	**3월**	
5		동부	398,916	353,057	358,916	
6		서부	159,215	185,699	208,597	
7		남부	212,131	126,913	281,812	
8		북부	441,305	277,115	332,170	
9		중부	349,525	469,800	490,610	
10		**합계**	**1,561,092**	**1,412,584**	**1,672,105**	
11						

06 이번에는 원 단위를 백만원 단위로 바꿔봅니다. 대상 범위(C5:E10 영역)를 선택하고 Ctrl + 1 키를 누릅니다. 대화상자의 [형식] 란에 코파일럿이 알려준 서식 코드('#,##0,,')를 작성합니다. 만약 '(백만원)'이라는 단위까지 함께 표기하려면 다음과 같이 '#,##0,, (백만원)'이라고 하면 됩니다.

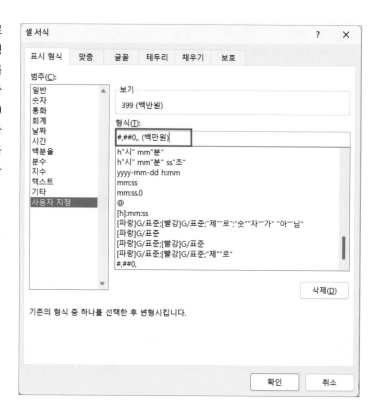

07 [확인] 버튼을 클릭합니다. 원 단위가 백만원 단위로 변경됨과 동시에 금액 단위도 함께 표시됩니다.

	A	B	C	D	E	F
1						
2			**팀별/월별 실적**			
3						
4		구분	1월	2월	3월	
5		동부	399 (백만원)	353 (백만원)	359 (백만원)	
6		서부	159 (백만원)	186 (백만원)	209 (백만원)	
7		남부	212 (백만원)	127 (백만원)	282 (백만원)	
8		북부	441 (백만원)	277 (백만원)	332 (백만원)	
9		중부	350 (백만원)	470 (백만원)	491 (백만원)	
10		합계	1,561 (백만원)	1,413 (백만원)	1,672 (백만원)	
11						

08 이제 예전처럼 복잡한 기능이나 수식을 외울 필요가 없습니다. 복잡한 것은 코파일럿의 도움을 받으면 되니까요. 필요한 것은 '눈(식견)'입니다. 코파일럿이 제시한 해법이 유효한 지 여부를 알아볼 수 있는 눈 말입니다. 거기에 더하여 코파일럿이 부분적으로 잘못 알려준 내용을 직접 수정할 정도의 실력을 갖추도록 노력해보세요. 직장생활이 한결 편해질 수 있습니다.

11 16자리 카드번호 입력하는 방법

⊙ **예제 파일**: 예제\02장\사용자 지정 서식.xlsx

엑셀에 입력할 수 있는 숫자는 최대 15자리까지입니다. 15자리라면 999조이므로 결코 작은 숫자가 아닙니다. 오랜 실무 경험을 하면서 이런 큰 숫자를 워크시트에 입력해본 것은 물론, 본 기억도 없습니다. 보통 1억 정도만 넘어가도 자릿수를 조정하여 표현하는 경우가 일반적입니다.

엑셀에서 16자리를 넘어가는 숫자는 사용할 일이 거의 없지만 카드번호와 같이 4자리 숫자가 반복되는 형태를 입력해야 하는 경우는 있습니다. 하지만 워크시트에 16자리 숫자(예: 1234567890123456)를 입력하면 1.23457E+15처럼 지수 형태로 표시됩니다. [쉼표 스타일]을 적용하면 마지막 숫자 6이 0으로 표시됩니다. 코파일럿을 통해 해법을 찾아보도록 하죠.

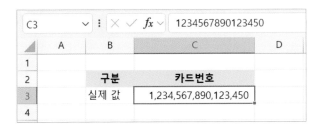

01 '16자리', '카드번호', '오류 대처' 등의 단어를 키워드로 하여 프롬프트를 작성합니다.

> **프롬프트** 16자리로 된 카드번호가 있다. 엑셀 워크시트에 입력하면 오류가 발생하는데 대처 방법을 알려줘.

02 Enter↵ 키를 누르거나 [제출] 아이콘을 클릭합니다. 진행 순서와 대응 방법을 알려줍니다. 데이터를 입력할 영역을 선택하고 '텍스트' 서식을 사용하라고 합니다.

> ◆ Copilot
>
> ✓ 답변 생성 중...
> 엑셀에서 16자리 이상의 카드번호를 입력할 때 발생하는 오류를 해결하는 방법을 알려드리겠습니다. 엑셀은 기본적으로 숫자를 15자리까지만 인식하며, 16자리 이상의 숫자는 0으로 변경됩니다. 이를 해결하기 위해 다음과 같은 단계를 따라주세요:
>
> 1. 텍스트 서식 지정:
>   - 카드번호가 입력될 영역을 선택합니다. (예: A열)
>   - Ctrl + 1 을 눌러 "셀 서식" 대화상자를 호출합니다.
>   - "표시 형식" 탭에서 "텍스트"를 선택하고 "확인" 버튼을 클릭합니다.
> 2. 카드번호 입력:
>   - 16자리 카드번호를 해당 영역에 입력합니다. 텍스트 서식이 지정된 곳에 숫자를 입력하면 셀 오류 표시가 나타날 수 있습니다.
> 3. 오류 무시:
>   - 입력된 카드번호가 있는 영역을 범위로 지정한 후 마우스 오른쪽 버튼을 클릭합니다.
>   - "오류 무시"를 선택합니다.

03 카드번호를 입력할 셀(여기서는 C4 셀)을 선택하고 Ctrl + 1 키를 누릅니다.

04 [셀 서식] 대화상자의 [표시 형식] 탭
에서 [텍스트] 범주를 선택하고 [확
인] 버튼을 클릭합니다.

05 '텍스트' 서식이 지정된 셀에 16자
리 카드번호를 입력합니다. 이번에
는 마지막 숫자까지 제대로 표시됩
니다. 입력된 내용이 왼쪽 정렬된 것
으로 보아 문자열임을 짐작할 수 있
습니다. C4 셀을 선택하면 셀 왼쪽
에 노란색 아이콘이 나타날 수 있습
니다. 코파일럿이 알려준 것처럼 해
당 아이콘을 클릭하고 [오류 무시]를
선택하여 완성합니다.

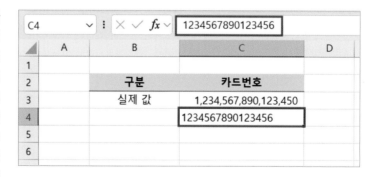

06 이것 말고 다른 방법도 있습니다. 숫자를 입력할 때 공백이나 하이픈(-)으로 구분하면 그 값은 문자열로 인식되므로 자릿수와 상관없이 입력할 수 있습니다.

▲	A	B	C	D
1				
2		**구분**	**카드번호**	
3		실제 값	1,234,567,890,123,450	
4		텍스트 서식 적용	1234567890123456	
5		공백 추가	1234 5678 9012 3456	
6		- 추가	1234-5678-9012-3456	
7				

07 이상에서 살펴본 것처럼 자신이 무엇을 하고자 하는지를 코파일럿에게 명확히 전달할 수 있으면 문제를 해결할 수 있습니다. 엑셀 기능이나 함수를 외우고 있을 필요가 없습니다.

코파일럿으로
엑셀 수식 자동화

엑셀을 사용하는 가장 큰 이유는 복잡한 수식을 계산하고 자료를 분석하기 위해서입니다. 이런 작업을 제대로 하기 위해서는 함수에 대한 이해와 응용이 필수적입니다. 엑셀 함수를 이용하면 못하는 계산이 거의 없다고 할 만큼 강력한 기능을 자랑합니다. 문제는 함수의 종류도 많고 사용법이 쉽지 않다는 점입니다. 지금까지는 수많은 함수와 함수별 용법을 외우다시피 해야 했습니다. 코파일럿 같은 생성형 AI가 등장하기 전까지는 말이죠.

이제 세상이 달라졌습니다. 수능의 등장으로 주입식 교육이 종말을 고했듯, 그리고 말이 운송 수단으로서의 기능을 자동차에게 넘겨주었듯, 암기식 엑셀 공부(?) 또한 빛을 잃게 되었습니다. 코파일럿과 함께 엑셀 함수와 수식 업무를 자동화하고 쉽게 처리해보세요.

Chapter 03에서는 유용하지만 복잡한 각종 엑셀 함수와 수식을 코파일럿으로 자동화하는 방법을 다룹니다. 문제 상황을 제대로 전달하기만 하면 코파일럿은 처음 보는 데이터 특성을 파악하고, 헷갈리는 엑셀 수식을 작성하고, 길고 복잡한 배열 수식도 문제 없이 만들어줍니다. 심지어 엑셀 함수가 가진 한계를 극복하는 수식을 만드는 것도 가능합니다.

 주의

생성형 AI 특성으로 인해 같은 프롬프트를 사용해도 결과는 달라질 수 있습니다. 만약 원하는 결과가 나오지 않는다면 프롬프트를 조금씩 바꿔가면서 반복 시도해보세요.

01 잘 모르는 엑셀 함수 사용하는 법 SECTION

⊙ **예제 파일:** 예제\03장\모르는 함수 사용.xlsx

잘 모르는 엑셀 함수를 사용하다니 말이 되는 소리일까요? 생성형 AI가 등장하기 전에는 불가능했습니다. 이 전까지는 함수를 사용하려면 함수 이름과 용도, 구성 요소(인수)에 대해 속속들이 알고 있어야 가능했습니다.

코파일럿을 사용하면 다르게 접근할 수 있습니다. 필요한 것은 "정리력"(해결해야 하는 문제 상황을 잘 정리)과 "질문력"(코파일럿에게 제대로 질문하기)입니다. 못 믿으시겠다고요? 이번 예제를 통해 확인해보세요.

01 어느 사업장의 라인별 생산 실적 데이터가 있습니다. 값만 보아서는 어떤 특징을 보이는지 짐작하기 어렵습니다. 분산과 표준편차를 알면 분포(데이터의 흩어진 정도)를 파악할 수 있습니다.

	Line	Values		결과
	Line 1	121	분산	
	Line 2	106	표준편차	
	Line 3	57		
	Line 4	99		
	Line 5	117		
	Line 6	70		
	Line 7	70		
	Line 8	119		
	Line 9	133		
	Line 10	73		

라인별 실적

02 코파일럿으로 수식을 작성하는 방법은 지금까지의 과정과 크게 다르지 않습니다. 이 예제에서는 '분산', '표준편차', '엑셀 수식'이라는 키워드를 사용하여 프롬프트를 작성합니다.

> **프롬프트** c5:c14 영역에 숫자가 있다. 분산과 표준편차를 구하는 엑셀 수식은?

03 Enter↵ 키를 누르거나 [제출] 아이콘
을 클릭합니다. 분산, 표준편차에 대
한 간단한 설명과 함께 수식을 알려
줍니다. 결과 하단의 주석과 각주,
추가 질문을 통해 추가로 궁금한 점
을 알아볼 수 있습니다.

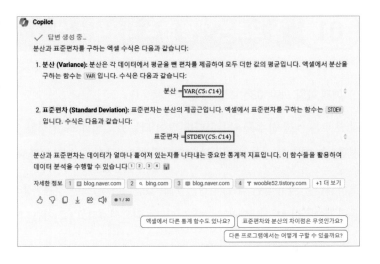

04 분산을 구하기 위한 수식을 복사합니다(Ctrl + C).

05 워크시트로 가서 분산을 구할 셀(F5
셀)을 선택하고 수식을 붙여넣습니
다(Ctrl + V). Enter↵ 키를 누르면 분
산이 구해집니다.

F5: =VAR(C5:C14)

	A	B	C	D	E	F	G
1							
2		라인별 실적					
3							
4		Line	Values			결과	
5		Line 1	121		분산	719.1667	
6		Line 2	106		표준편차		
7		Line 3	57				
8		Line 4	99				
9		Line 5	117				
10		Line 6	70				
11		Line 7	70				
12		Line 8	119				
13		Line 9	133				
14		Line 10	73				
15							

F5 | × ✓ fx | =VAR(C5:C14)

06 같은 방법으로 표준편차를 구하는
수식을 복사해서 F6 셀에 붙여넣기
하고 Enter↵ 키를 누릅니다.

F6: =STDEV(C5:C14)

	A	B	C	D	E	F	G
						F6 ▼ : × ✓ fx ✓ =STDEV(C5:C14)	

라인별 실적

	Line	Values			결과	
	Line 1	121		분산	719.1667	
	Line 2	106		표준편차	26.81728	
	Line 3	57				
	Line 4	99				
	Line 5	117				
	Line 6	70				
	Line 7	70				
	Line 8	119				
	Line 9	133				
	Line 10	73				

07 이상에서 살펴본 것처럼, 설령 함수 이름을 모르더라도 하고자 하는 내용을 코파일럿에게 제대로 전달하면 해결책을 찾
을 수 있습니다.

02 처음 보는 데이터 특성 파악하는 법 SECTION

⊙ **예제 파일**: 예제\03장\기술통계량 분석.xlsx

어느 회사 고객서비스센터에서 이용 고객을 대상으로 설문조사를 했고, 각 질문 항목별로 만족도 점수를 집계했습니다. 이 숫자만 보고서는 데이터 특성을 파악하기가 쉽지 않습니다. 이런 경우 코파일럿으로 어떻게 도움을 받을 수 있을까요?

	A	B	C	D	E
1					
2		설문	만족도		
3		문항1	61		
4		문항2	63		
5		문항3	98		
6		문항4	46		
7		문항5	75		
8		문항6	76		
9		문항7	66		
10		문항8	80		
11		문항9	82		
12		문항10	85		
13		문항11	73		
14		문항12	40		
15		문항13	64		

01 의도적으로 질문을 좀 막연하게 해봅니다.

> **Copilot**
>
> ✓ 답변 생성 중...
>
> 데이터 특성을 파악하려면 몇 가지 방법을 고려할 수 있습니다. 여기에 몇 가지 주요 방법을 설명해 드리겠습니다.
>
> 1. **통계적 요약**:
>   - 평균, 중앙값, 최소값, 최대값 등의 기초 통계량을 계산하여 데이터의 중심 경향과 분포를 파악할 수 있습니다.
>   - Excel에서는 `AVERAGE`, `MEDIAN`, `MIN`, `MAX` 함수를 사용하여 이러한 통계량을 계산할 수 있습니다.
> 2. **데이터 시각화**:
>   - 히스토그램, 상자 그림, 산점도 등을 사용하여 데이터 분포를 시각적으로 확인할 수 있습니다.
>   - Excel에서는 차트 도구를 활용하여 데이터를 시각화할 수 있습니다.
> 3. **데이터 필터링**:
>   - 특정 조건을 만족하는 데이터만 필터링하여 관심 있는 부분을 살펴볼 수 있습니다.
>   - Excel에서는 데이터 필터링을 위해 자동 필터 또는 고급 필터를 사용할 수 있습니다.

프롬프트 데이터 특성을 파악하려면 어떻게 하지?

02 역시나 막연한 질문은 막연한 답변으로 이어지는군요. '기술통계량 분석'이라는 단어 하나가 추가되면 결과물의 품질이 어떻게 달라지는지 확인해보세요.

> **프롬프트** c3:c22 영역에 숫자가 있다. "기술통계량 분석"을 하려면 어떻게 하지? 엑셀 수식을 알려줘.

03 Enter↵ 키를 누르거나 [제출] 아이콘을 클릭합니다. 막연하게 질문했을 때와는 확연하게 차이가 납니다.

> **◆ Copilot**
>
> Excel에서 기술통계량을 계산하는 데 사용할 수 있는 몇 가지 기본 함수들이 있습니다:
>
> - **평균:** =AVERAGE(C3:C22) - 이 함수는 범위 C3:C22의 평균을 계산합니다.
> - **중앙값:** =MEDIAN(C3:C22) - 이 함수는 범위 C3:C22의 중앙값을 계산합니다.
> - **모드:** =MODE.SNGL(C3:C22) - 이 함수는 범위 C3:C22의 최빈값을 계산합니다.
> - **표준편차:** =STDEV.S(C3:C22) - 이 함수는 범위 C3:C22의 표본 표준편차를 계산합니다.
> - **분산:** =VAR.S(C3:C22) - 이 함수는 범위 C3:C22의 표본 분산을 계산합니다.
> - **최소값:** =MIN(C3:C22) - 이 함수는 범위 C3:C22의 최소값을 반환합니다.
> - **최대값:** =MAX(C3:C22) - 이 함수는 범위 C3:C22의 최대값을 반환합니다.
> - **개수:** =COUNT(C3:C22) - 이 함수는 범위 C3:C22의 개수를 계산합니다.
>
> 이러한 함수들은 Excel에서 기본적으로 제공되며, 각각의 함수는 특정 기술통계량을 계산하는 데 사용됩니다. 이들을 사용하여 데이터의 중심 경향, 분산, 및 분포를 이해하는 데 도움이 될 수 있습니다. 이러한 함수들을 사용하여 원하는 기술통계량을 계산할 수 있습니다.

04 평균, 중앙값, 표준편차 등 필요한 수식을 워크시트로 복사하여 결과를 구합니다.

	A	B	C	D	E	F	G
1							
2		**설문**	**만족도**				
3		문항1	61		평균	72	
4		문항2	63		중앙값	74	
5		문항3	98		표준편차	16.62275	
6		문항4	46		분산	276.3158	
7		문항5	75		최소값	40	
8		문항6	76		최대값	98	
9		문항7	66		개수	20	
10		문항8	80				
11		문항9	82				
12		문항10	85				
13		문항11	73				
		문항12	43				

05 '기술통계량'이라는 단어가 포함되느냐 여부에 따라 결과 차이가 크게 나타납니다. 참고로 '기술통계량(Descriptive Statistic)'은 '표본의 속성을 파악하는 데 주안점을 두는 데이터 분석 기법'으로, 관련 실무에서 많이 사용되는 데이터 분석 방법 중 하나입니다.

 TIP 함수나 수식을 작성할 때에는 원하는 대로 결과가 나오지 않으면 대화 스타일을 [보다 정밀한]으로 선택해보세요(선택 가능한 경우).

03 [보너스 예제] 기술통계량 분석 쉽게 하는 법 SECTION

⊙ **예제 파일**: 예제\03장\기술통계량 분석.xlsx

기술통계량 분석은 관련 실무에서도 많이 사용되기에 엑셀의 추가 기능으로도 제공됩니다. 이 기능을 이용하면 일일이 수식을 작성하지 않고서도 기술통계량의 다양한 지표를 손쉽게 구할 수 있습니다.

01 워크시트 상태에서 [파일] – [옵션] 메뉴를 선택합니다.

02 [Excel 옵션] 대화상자에서 [추가 기능] 탭을 클릭합니다. [Excel 추가 기능]이 선택된 상태로 [이동] 버튼을 클릭합니다.

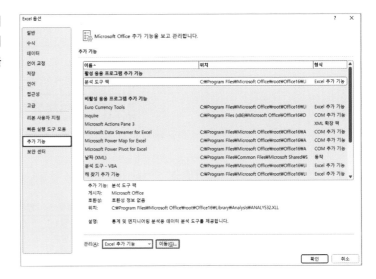

03 [추가 기능] 대화상자가 나타납니다. '분석 도구 팩'을 클릭하여 체크한 다음 [확인] 버튼을 클릭합니다. [분석 도구 – VBA]를 선택하지 않도록 주의하세요.

04 [데이터] 탭 – [분석] 그룹 – [데이터 분석] 메뉴를 클릭합니다.

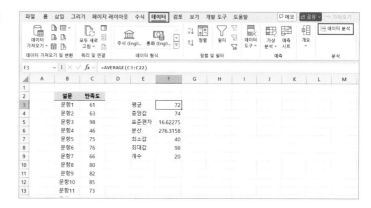

05 [통계 데이터 분석] 대화상자에서 [기술 통계법]을 선택하고 [확인] 버튼을 클릭합니다.

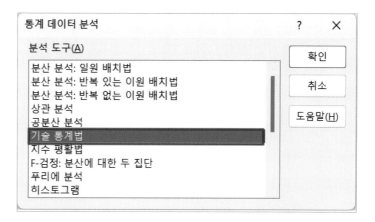

06 [기술 통계법] 대화상자가 나타납니다. [입력 범위]와 '첫째 행 이름표 사용', [출력 범위], '요약 통계량' 항목을 선택하거나 지정합니다.

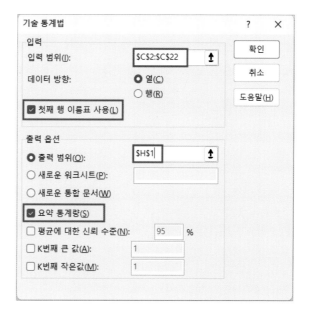

07 [확인] 버튼을 클릭합니다. 앞 예제
   에서 수동으로 입력했던 각종 지표
   들이 자동으로 구해집니다.

	A	B	C	D	E	F	G	H	I	J
1								만족도		
2		설문	만족도							
3		문항1	61		평균	72		평균	72	
4		문항2	63		중앙값	74		표준 오차	3.71696	
5		문항3	98		표준편차	16.62275		중앙값	74	
6		문항4	46		분산	276.3158		최빈값	98	
7		문항5	75		최소값	40		표준 편차	16.62275	
8		문항6	76		최대값	98		분산	276.3158	
9		문항7	66		개수	20		첨도	-0.29146	
10		문항8	80					왜도	-0.41763	
11		문항9	82					범위	58	
12		문항10	85					최소값	40	
13		문항11	73					최대값	98	
14		문항12	40					합	1440	
15		문항13	64					관측수	20	
16		문항14	98							

08 엑셀이나 수식을 몰라도 코파일럿을 이용하면 엑셀을 쓸 수 있습니다. 하지만 엑셀을 잘 알수록 코파일럿과 엑셀을 더욱
   잘 활용할 수 있음을 이번 예제를 통해 알 수 있습니다.

04 큰 표에서 원하는 정보 찾기 SECTION

◉ **예제 파일:** 예제\03장\큰 표에서 정보 찾기.xlsx

어느 카페 프랜차이즈의 실적과 단가 테이블이 있습니다. 오른쪽에 있는 단가 테이블에서 각 품목의 단가 정보를 가져와서 '매출 실적' 테이블에 추가하는 수식을 코파일럿을 이용해 작성해보겠습니다.

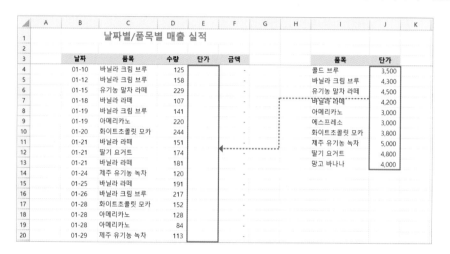

01 하려는 작업을 머릿속으로 떠올려보세요. 옆에 인턴 사원이 있고, 그에게 일감을 주기 위해 하나하나 설명한다고 생각하고 프롬프트를 작성하는 것도 도움이 됩니다. 원본 데이터의 범위, 가격 테이블의 범위, 단가 정보가 있는 범위 등을 이용하여 프롬프트를 구성합니다.

> **프롬프트** i4:j13 영역에 가격 테이블이 있다. i열에는 품목, j열에는 단가 정보가 들어있을 때, c4 셀의 '품목'에 해당하는 단가 정보를 구하는 엑셀 수식은?

02 Enter↵ 키를 누르거나 [제출] 아이콘을 클릭합니다. VLOOKUP 함수를 사용하라는 안내와 함께 해당 함수에 대한 설명도 표시되어있습니다. 수식 오른쪽에 있는 [복사] 아이콘을 클릭합니다. 만약 [복사] 아이콘이 표시되지 않으면 복사할 부분을 마우스로 드래그하여 범위로 지정한 다음, Ctrl + C 키를 눌러서 복사하면 됩니다.

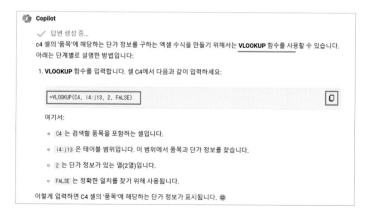

03 단가를 표시할 셀(E4)을 선택하고 F2 키를 누르면 수식 편집 상태로 바뀝니다. 이 상태에서 Ctrl + V 키를 눌러서 수식을 붙여넣기합니다. 이 수식을 그대로 사용할 수는 없습니다. 수식을 다른 셀로 복사할 때 I4:J13 영역은 바뀌지 않아야 하기 때문입니다.

04 수식 입력줄에서 I4:J13 영역 부분을 범위로 지정하고 F4 키를 눌러 절대 주소 형태로 수정합니다. F4 키를 한 번씩 누를 때마다 '절대 주소 → 혼합 주소(행 고정) → 혼합 주소(열 고정) → 상대 주소' 형태로 변합니다.

E4: =VLOOKUP(C4, $I$4:$J$13, 2, FALSE)

05 Enter↵ 키를 누르면 결과가 표시됩니다. 금액은 '수량*단가'로 계산됩니다.

06 E4 셀 오른쪽 아래에 있는 작은 네모('채우기 핸들'이라고 합니다)를 누른 채 아래로 드래그하여 나머지 셀에도 수식을 채워넣습니다(채우기 핸들을 더블 클릭해도 됩니다).

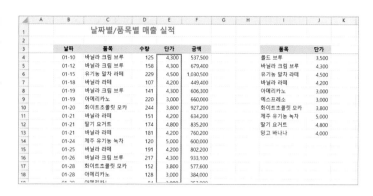

07 VLOOKUP은 엑셀의 수많은 함수 중에 실무에서 가장 많이 사용되는 함수 순위에 빠지지 않고 선정되는 함수 중 하나입니다. 매우 활용도가 높고 유용하지만 함수 인수가 많아서(4개) 입문자들이 부담을 느끼는 함수이기도 합니다. 코파일럿을 이용하면 이처럼 간단하게 활용할 수 있습니다.

 책에서 소개한 내용을 비롯한 다양한 팁을 알 수 있는 영상입니다.

https://youtu.be/oxVC2Fs6XUQ?si=YWs88fdS-TA0cSop

05   이전 질문에 이어서 필요한 정보 얻는 법   SECTION

⊙ **예제 파일**: 예제\03장\큰 표에서 정보 찾기.xlsx

같은 채팅창에서라면 코파일럿은 이전에 사용자와 했던 대화 내용을 기억하고 있습니다. 따라서 간단하게 다시 물어보기만 해도 원하는 답변을 얻을 수 있습니다.

01 혹시 VLOOKUP 함수 말고 다른 방법은 없는지 물어보겠습니다.

프롬프트   다른 방법은?

02 Enter↵ 키를 누르거나 [제출] 아이콘을 클릭합니다. 미주알고주알 설명하지 않았음에도 불구하고 다른 방법을 알려줍니다.

03 [복사] 아이콘을 클릭하여 수식을 복사합니다. 예제 파일의 G4 셀로 가서 F2 키를 누르면 수식 편집 상태가 됩니다. Ctrl + V 키를 눌러 수식을 붙여넣기합니다. VLOOKUP과 마찬가지로 참조 테이블 영역은 절대 주소 형태로 수정합니다(F4 키 이용).

G4: =INDEX($J$4:$J$13, MATCH(C4, $I$4:$I$13, 0))

04 <kbd>Enter↵</kbd> 키를 누릅니다. 채우기 핸들을 이용하여 수식을 나머지 셀에도 채워넣기합니다. 두 수식의 결과가 일치함을 알 수 있습니다.

	A	B	C	D	E	F	G	H
1			날짜별/품목별 매출 실적					
2								
3		날짜	품목	수량	단가	금액		
4		01-10	바닐라 크림 브루	125	4,300	537,500	4300	
5		01-12	바닐라 크림 브루	158	4,300	679,400	4300	
6		01-15	유기농 말차 라떼	229	4,500	1,030,500	4500	
7		01-18	바닐라 라떼	107	4,200	449,400	4200	
8		01-19	바닐라 크림 브루	141	4,300	606,300	4300	
9		01-19	아메리카노	220	3,000	660,000	3000	
10		01-20	화이트초콜릿 모카	244	3,800	927,200	3800	
11		01-21	바닐라 라떼	151	4,200	634,200	4200	
12		01-21	딸기 요거트	174	4,800	835,200	4800	
13		01-21	바닐라 라떼	181	4,200	760,200	4200	
14		01-24	제주 유기농 녹차	120	5,000	600,000	5000	
15		01-25	바닐라 라떼	191	4,200	802,200	4200	
16		01-26	바닐라 크림 브루	217	4,300	933,100	4300	
17		01-28	화이트초콜릿 모카	152	3,800	577,600	3800	
18		01-28	아메리카노	128	3,000	384,000	3000	
19		01-28	아메리카노	84	3,000	252,000	3000	
20		01-29	제주 유기농 녹차	113	5,000	565,000	5000	

이 시점에서, 이런 의문을 갖는 분들이 있을 것 같습니다.

"VLOOKUP 함수 하나만 알면 됐지 다른 방법을 굳이 알아야 하나요?

VLOOKUP이 좋긴 하지만 단점들이 있습니다. 대표적으로 "찾을 값 왼쪽 정보는 찾지 못"합니다. 이런 경우, XLOOKUP 함수를 사용하거나 INDEX+MATCH 함수 조합을 통해 해결할 수 있습니다. 이와 관련해서는 다음 영상을 참고하세요.

 책에서 소개한 내용을 비롯한 다양한 팁을 알 수 있는 영상입니다.
https://youtu.be/pkkK5CiuY-M?si=JEFphoXF4OcVPqPJ

06 긴 문자열에서 필요한 부분만 추출하는 법   SECTION

◉ **예제 파일**: 예제\03장\필요한 단어 추출.xlsx

이메일 주소는 세 부분으로 나눌 수 있습니다. 예를 들어 younghee@gmail.com이라는 이메일 주소가 있다면 아이디(younghee), 부호(@), 도메인(gmail.com)으로 구분됩니다. 코파일럿을 이용하여 이메일 주소에서 아이디만 추출해보겠습니다.

01 하려는 작업에서 키워드는 '이메일 주소', '@', '글자 추출' 정도가 되겠습니다. 키워드를 이용하여 프롬프트를 작성합니다.

> 프롬프트   d3 셀에는 'abc@gmail.com' 형태로 된 이메일 주소가 있다. '@' 앞에 있는 글자를 추출하기 위한 엑셀 수식은?

02 Enter↵ 키를 누르거나 [제출] 아이콘을 클릭합니다. LEFT와 FIND 함수를 조합한 수식과 함께, 이 수식이 어떻게 작동하는 지에 대한 설명도 표시합니다. [복사] 아이콘을 클릭하여 수식을 복사합니다.

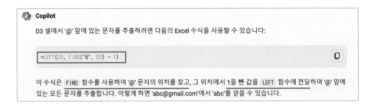

> **Copilot**
>
> D3 셀에서 '@' 앞에 있는 문자를 추출하려면 다음의 Excel 수식을 사용할 수 있습니다:
>
> `=LEFT(D3, FIND("@", D3) - 1)`
>
> 이 수식은 FIND 함수를 사용하여 '@' 문자의 위치를 찾고, 그 위치에서 1을 뺀 값을 LEFT 함수에 전달하여 '@' 앞에 있는 모든 문자를 추출합니다. 이렇게 하면 'abc@gmail.com'에서 'abc'를 얻을 수 있습니다.

03 예제 파일의 H3 셀을 선택하고 F2 키를 누릅니다. 수식 편집 상태에서 Ctrl + V 키를 눌러 수식을 붙여넣기합니다.

H3: =LEFT(D3, FIND("@", D3) - 1

번호	이름	직위	이메일	전화번호	주소	우편번호	아이디	
1	김영희	사원	younghee@gmail.com	010-1234-5678	서울시 강남구 역삼동	06578	D3) - 1	
2	이철수	대리	charles@yahoo.com	010-2345-6789	경기도 성남시 분당구	12345		
3	박미영	팀장	miyoung@hotmail.com	010-3456-7890	인천시 남동구 구월동	98765		
4	최철호	수석	cheolho@naver.com	010-4567-8901	대전시 서구 둔산동	54321		
5	정지영	사원	jenny@kakao.com	010-5678-9012	부산시 해운대구 우동	13579		
6	강동원	팀장	dongwon@daum.net	010-6789-0123	경기도 수원시 영통구	24680		
7	윤지수	대리	jisoo@nate.com	010-7890-1234	대구시 중구 삼덕동	13579		
8	장미란	사원	miran@hanmail.net	010-8901-2345	서울시 마포구 서교동	98765		
9	오영철	수석	youngchul@hanmir.com	010-9012-3456	경상남도 창원시 의창구	12345		
10	김지은	사원	jieuny@nate.com	010-0123-4567	광주시 서구 쌍촌동	76543		
11	백승호	대리	seungho@gmail.com	010-9876-5432	서울시 강서구 화곡동	45678		
12	이지현	팀장	jihyun@yahoo.co.kr	010-8765-4321	경기도 용인시 수지구	23456		
13	임철민	사원	lim@kakao.com	010-7654-3210	대전시 유성구 노은동	67890		

04 `Enter↵` 키를 누르면 이메일 중에서 아이디만 추출됩니다. H3 셀 오른쪽 아래의 '채우기 핸들'을 드래그하거나 더블 클릭하여 나머지 셀에도 수식을 복사하면 결과가 구해집니다.

번호	이름	직위	이메일	전화번호	주소	우편번호	아이디
1	김영희	사원	younghee@gmail.com	010-1234-5678	서울시 강남구 역삼동	06578	younghee
2	이철수	대리	charles@yahoo.com	010-2345-6789	경기도 성남시 분당구	12345	charles
3	박미영	팀장	miyoung@hotmail.com	010-3456-7890	인천시 남동구 구월동	98765	miyoung
4	최철호	수석	cheolho@naver.com	010-4567-8901	대전시 서구 둔산동	54321	cheolho
5	정지영	사원	jenny@kakao.com	010-5678-9012	부산시 해운대구 우동	13579	jenny
6	강동원	팀장	dongwon@daum.net	010-6789-0123	경기도 수원시 영통구	24680	dongwon
7	윤지수	대리	jisoo@nate.com	010-7890-1234	대구시 중구 삼덕동	13579	jisoo
8	장미란	사원	miran@hanmail.net	010-8901-2345	서울시 마포구 서교동	98765	miran
9	오영철	수석	youngchul@hanmir.com	010-9012-3456	경상남도 창원시 의창구	12345	youngchul
10	김지은	사원	Jieuny@nate.com	010-0123-4567	광주시 서구 쌍촌동	76543	jieuny
11	백승호	대리	seungho@gmail.com	010-9876-5432	서울시 강서구 화곡동	45678	seungho
12	이지현	팀장	jihyun@yahoo.co.kr	010-8765-4321	경기도 용인시 수지구	23456	jihyun
13	임철민	사원	lim@kakao.com	010-7654-3210	대전시 유성구 노은동	67890	lim
14	황미나	대리	mina@hotmail.com	010-6543-2109	인천시 서구 청라동	34567	mina
15	신성우	수석	sinseong@gmail.com	010-5432-1098	경기도 고양시 일산동구	89012	sinseong
16	김현주	사원	pearl@yahoo.com	010-4321-0987	대구시 수성구 신매동	56789	pearl
17	박민호	팀장	minho@naver.com	010-3210-9876	서울시 송파구 잠실동	32109	minho
18	이은지	대리	eunji@gmail.com	010-2109-8765	인천시 계양구 작전동	65432	eunji

07 [보너스 예제] 필요한 부분만 추출하는 또 다른 방법 SECTION

⊙ **예제 파일**: 예제\03장\필요한 단어 추출.xlsx

'빠른 채우기(Flash Fill)' 기능을 이용하면 문자열에서 필요한 부분을 추출하거나 선별적으로 결합하는 것도 가능합니다. 빠른 채우기는 "사용자가 입력하는 자료 입력 패턴을 엑셀이 분석해서 나머지 값을 자동으로 채워주는 기능"으로 Excel 2013 버전부터 지원됩니다.

01 I3 셀을 선택하고 D3 셀에 있는 이메일 중 아이디에 해당하는 younghee를 입력하고 Enter↵ 키를 누릅니다. 아직은 별다른 변화가 없습니다.

02 I4 셀에 두 번째 아이디(charles)를 입력하면 미리보기 화면에 나머지 아이디가 모두 표시됩니다.

03 Enter↵ 키를 누르면 미리보기 화면의 결과가 셀에 입력됩니다. 빠른 채우기 작업 후 나타나는 아이콘을 통해 실행 취소를 할 수도 있습니다 (Excel 365 기준).

04 빠른 채우기를 이용하면 원하는 부분을 추출하는 것뿐만 아니라 필요한 단어를 선별적으로 결합할 수도 있습니다. 예를 들어, '직위 이름 님' 형태의 문자열을 만들어보겠습니다.

05 J3 셀을 선택하고 '사원 김영희 님'이라고 입력하고 Enter↵ 키를 누릅니다. 이 단계에서는 아직 아무 일도 생기지 않습니다.

06 J4 셀에 두 번째 데이터(대리 이철 수 님)를 입력하면 미리보기 화면에 나머지 입력할 데이터 형태가 표시 됩니다.

07 Enter↵ 키를 누르면 원하는 형태로 문자열이 결합됩니다.

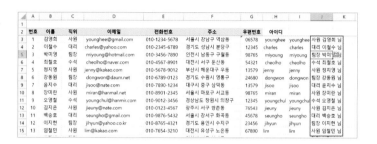

참고   **'빠른 채우기'가 제대로 작동하지 않을 경우 대처법 2가지**

① 값을 입력한 후에도 미리보기 목록이 표시되지 않으면 [데이터] 탭 – [데이터 도구] 그룹 – [빠른 채우기] 메뉴를 클릭합니다(또 는 Ctrl + E).

② [파일] 탭 – [옵션] 메뉴를 선택합니다. [Excel 옵션] 대화상자에서 [고급] 탭 – [편집옵션] – [빠른 자동 채우기] 옵션이 체크 해제되 어있다면 체크하고 [확인] 버튼을 클릭합니다.

참고로 병합된 셀이 포함된 표에서는 빠른 채우기가 작동하지 않습니다. 병합을 해제하고 작업하세요.

08   이러한 원리를 이용하여 셀 값을 수정하거나 지우는 것도 가능합니다. 이처럼 [빠른 채우기]는 사용자가 몇 개의 값을 입력하면 '미리보기' 화면에 입력할 값의 전체 목록이 표시되므로 편리하게 내용을 작성할 수 있는 유용한 기능입니다.

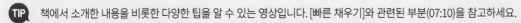 책에서 소개한 내용을 비롯한 다양한 팁을 알 수 있는 영상입니다. [빠른 채우기]와 관련된 부분(07:10)을 참고하세요.

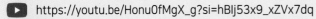 https://youtu.be/Honu0fMgX_g?si=hBlj53x9_xZVx7dq

08 다양한 조건을 충족하는 합계 구하기 SECTION

⊙ **예제 파일**: 예제\03장\다양한 조건 합계.xlsx

특정한 조건을 충족하는 데이터의 합계를 구하는 것은 실무에서 자주 하게 되는 작업입니다. '담당별 실적' 데이터에서 다양한 조건을 충족하는 데이터의 합계를 구하는 수식을 코파일럿으로 작성해 봅니다.

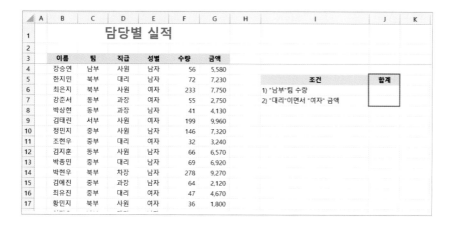

01 먼저, 처리할 조건이 한 가지인 경우입니다. 팀명이 '남부'인 데이터의 '수량' 합계를 구하기 위한 프롬프트를 작성합니다.

> **프롬프트** c열 값이 '남부'이면 이에 해당하는 f열 값을 더하는 엑셀 수식은?

02 Enter↵ 키를 누르거나 [제출] 아이콘을 클릭합니다. SUMIF 함수를 사용하면 해결할 수 있다고 합니다. 수식 오른쪽에 있는 [복사] 아이콘을 클릭하여 수식을 복사합니다.

03 결과를 표시할 셀(J6)을 선택하고
수식 입력줄을 클릭합니다(F2 키를
눌러도 됩니다). Ctrl + V 키를 눌러
서 수식을 붙여넣기합니다. 이 수식
을 그대로 사용해도 되지만 열 범위
를 구체적으로 지정하는 것이 좋습니
다. 수식을 다음과 같이 수정합니다.

```
J6: =SUMIF(C4:C23, "남부", F4:F23)
```

04 Enter↲ 키를 누르면 결과가 표시됩
니다.

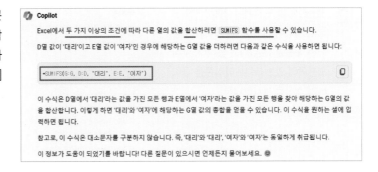

05 이번에는 감안해야 할 조건이 2가지인 경우의 합계를 구합니다. '직급'이 '대리'이면서 '성별'이 여자인 데이터의 '금
액' 합계를 구합니다. 조건이 늘어났을 뿐 기본적인 방법은 앞의 경우와 같습니다. 두 가지 조건을 동시에 충족해야
하므로 '이면서'라는 단어를 추가한 점에 유의하세요.

> **프롬프트** d열 값이 '대리'이면서 e열 값이 '여자'이면 이에 해당하는 g열 값을 더하는 엑셀 수식은?

06 Enter↲ 키를 누르거나 [제출] 아이콘
을 클릭합니다. 여러 가지 조건을 합
산해야 하므로 SUMIFS 함수를 사
용한 해결책을 알려줍니다. [복사]
아이콘을 클릭합니다.

> **Copilot**
>
> Excel에서 두 가지 이상의 조건에 따라 다른 열의 값을 합산하려면 SUMIFS 함수를 사용할 수 있습니다.
>
> D열 값이 '대리'이고 E열 값이 '여자'인 경우에 해당하는 G열 값을 더하려면 다음과 같은 수식을 사용하면 됩니다:
>
> ```
> =SUMIFS(G:G, D:D, "대리", E:E, "여자")
> ```
>
> 이 수식은 D열에서 '대리'라는 값을 가진 모든 행과 E열에서 '여자'라는 값을 가진 모든 행을 찾아 해당하는 G열의 값
> 을 합산합니다. 이렇게 하면 '대리'와 '여자'에 해당하는 G열 값의 총합을 얻을 수 있습니다. 이 수식을 원하는 셀에 입
> 력하면 됩니다.
>
> 참고로, 이 수식은 대소문자를 구분하지 않습니다. 즉, '대리'와 '대리', '여자'와 '여자'는 동일하게 취급됩니다.
>
> 이 정보가 도움이 되었기를 바랍니다! 다른 질문이 있으시면 언제든지 물어보세요. 😊

07 결과를 표시할 셀(J7)을 선택하고 F2 키 또는 수식 입력줄을 클릭하여 수식 편집 상태로 들어갑니다. Ctrl + V 키를 눌러서 수식을 붙여넣기합니다. 열 전체를 범위로 지정한 부분을 수정합니다.

J7: =SUMIFS(G4:G23, D4:D23, "대리", E4:E23, "여자")

참고 프롬프트를 작성할 때 참조 범위를 구체적으로 지정해도 되지만 그렇게 하면 오류가 발생하는 경우가 있습니다. 필요한 수식을 일단 작성하고 워크시트에서 수식을 수정하는 방법이 오히려 빠르고 편리할 수 있습니다.

08 Enter↵ 키를 누르면 원하는 결과가 표시됩니다. 이러한 방식을 통해 처리해야 할 조건이 몇 개든 해결할 수 있습니다.

09 SUMIF와 SUMIFS는 sum_range(합계를 구할 범위) 인수의 위치가 다릅니다. 무심코 사용하다가 헷갈리는 경우가 간혹 있습니다. 코파일럿을 이용하면 이런 혼선에 빠지지 않을 수 있습니다.

09 복잡한 다중 IF 수식 단번에 작성하기 SECTION

⊙ **예제 파일**: 예제\03장\다중 IF 수식.xlsx

엑셀 함수를 공부하다가 IF 문을 접하면 처음에는 신기합니다('오, 이런 게 되네!'). 그러다가 조건 분기를 여러 번 하는 단계에 이르면 슬슬 헷갈립니다('IF문의 괄호를 몇 번 열었더라?', '괄호를 여기서 닫는 게 맞나?'). 코파일럿은 복잡한 다중 IF(또는 중첩 IF) 수식을 작성할 때에도 능력을 발휘합니다.

어느 회사의 OA 평가 결과표가 있습니다. '평균'이 80 이상이면 '우수', 60 이상이면 '보통', 60 미만이면 '재시험'이라고 표시하는 수식을 코파일럿에게 만들어달라고 해볼까요?

	부서명	사번	이름	직급	엑셀	워드	PPT	평균	등급
	부서명	사번	이름	직급	엑셀	워드	PPT	평균	등급
4	해외영업팀	A03158	송유진	사원	63	66	51	60	보통
5	영업3팀	A06818	이지수	부장	55	50	70	58	재시험
6	영업3팀	A03696	임진우	부장	72	99	57	76	보통
7	영업1팀	A09633	이영재	사원	75	69	102	82	우수
8	홍보팀	A02723	전혜린	대리	75	93	75	81	우수
9	총무팀	A02401	정미숙	과장	93	84	81	86	우수
10	총무팀	A08183	나은주	과장	72	57	69	66	보통
11	인사팀	A05098	하준호	대리	78	69	66	71	보통
12	재무팀	A08482	강민우	대리	90	57	54	67	보통
13	영업지원팀	A05402	김지현	대리	90	78	54	74	보통
14	기획팀	A03951	손현우	사원	87	99	93	93	우수
15	해외영업팀	A03202	장지영	과장	54	87	99	80	우수
16	영업3팀	A06458	신지민	사원	84	60	51	65	보통
17	인사팀	A04461	최현수	부장	90	69	75	78	보통
18	홍보팀	A05100	정준영	사원	69	81	78	76	보통
19	영업2팀	A08325	고민재	사원	69	78	84	77	보통
20	홍보팀	A06683	신영호	사원	54	87	57	66	보통

표 상단 제목: **상반기 OA 평가 결과**

01 평균이 들어있는 셀(I4)의 점수를 기준으로 조건 분기 처리를 합니다. 헷갈리는 수식은 코파일럿이 작성해주겠지만 그러기 위해서는 상황을 잘 전달해야 합니다. 주요한 단어에 구분 기호를 사용하면 편리합니다.

> **프롬프트** i4 셀에 숫자가 있다. 80 이상이면 '우수', 60 이상이면 '보통', 60 미만이면 '재시험'이라고 표시하는 엑셀 수식은?

02 Enter↵ 키를 누르거나 [제출] 아이콘을 클릭합니다. IF를 두 번 사용한 다중 IF 수식을 만들어줍니다. [복사] 아이콘을 클릭하여 수식을 복사합니다.

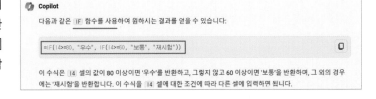

> Copilot
>
> 다음과 같은 **IF** 함수를 사용하여 원하시는 결과를 얻을 수 있습니다:
>
> `=IF(I4>=80, "우수", IF(I4>=60, "보통", "재시험"))`
>
> 이 수식은 I4 셀의 값이 80 이상이면 '우수'를 반환하고, 그렇지 않고 60 이상이면 '보통'을 반환하며, 그 외의 경우에는 '재시험'을 반환합니다. 이 수식을 I4 셀에 대한 조건에 따라 다른 셀에 입력하면 됩니다.

03 결과를 표시할 셀(J4)을 선택하고 F2 키를 눌러 수식 편집 상태로 전환합니다(또는 수식 입력줄을 클릭합니다). Ctrl + V 키를 눌러 수식을 붙여넣기합니다.

J4: =IF(I4>=80, "우수", IF(I4>=60, "보통", "재시험"))

04 Enter↵ 키를 누르면 등급이 구해집니다. 채우기 핸들을 이용하여 나머지 셀에도 수식을 채워넣습니다.

> **참고** 분기 처리할 조건이 더 복잡하더라도 상황만 제대로 전달한다면 해결할 수 있습니다. 예를 들어, 90 이상이면 SA, 80 이상이면 A, 70 이상이면 B, 60 이상이면 C, 60 미만이면 F를 표시하는 수식을 만들어보겠습니다.

> **프롬프트** i4 셀에 숫사가 있다. 90 이상이면 'SA', 80 이상이면, 'A', 70 이상이면 'B', 60 이상이면 'C', 50 이상이면 'D', 50 미만이면 'F'라고 표시하는 엑셀 수식은?

IF가 5번 들어간 다중 IF 수식을 순식간에 만들어줍니다.

```
=IF(I4>=90, "SA", IF(I4>=80, "A", IF(I4>=70, "B", IF(I4>=60, "C", IF(I4>=50, "D", "F")))))
```

나

i4 셀에 숫자가 있다. 90 이상이면 'SA', 80 이상이면, 'A', 70 이상이면 'B', 60 이상이면 'C', 50 이상이면 'D', 50 미만이면 'F'라고 표시하는 엑셀 수식은?

Copilot

다음과 같은 IF 함수를 사용하여 원하시는 결과를 얻을 수 있습니다:

```
=IF(I4>=90, "SA", IF(I4>=80, "A", IF(I4>=70, "B", IF(I4>=60, "C", IF(I4>=50, "D", "F")))))
```

이 수식은 I4 셀의 값이 90 이상이면 'SA'를 반환하고, 그렇지 않고 80 이상이면 'A'를 반환하며, 그 외에 70 이상이면 'B'를 반환하고, 60 이상이면 'C'를 반환하며, 50 이상이면 'D'를 반환하며, 그 외의 경우에는 'F'를 반환합니다. 이 수식을 I4 셀에 대한 조건에 따라 다른 셀에 입력하면 됩니다.

05 특정한 단어가 포함된 셀에 서식을 지정하면 더욱 보기 쉬운 자료가 될 수 있습니다. 등급이 '우수'인 데이터에 서식을 지정해보겠습니다. J4:J52 영역을 범위로 지정합니다. [홈] 탭 – [스타일] 그룹에서 [조건부 서식] – [셀 강조 규칙] – [텍스트 포함] 메뉴를 선택합니다.

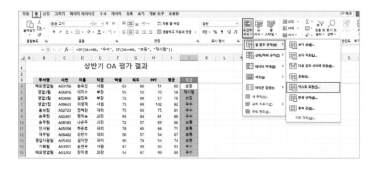

06 대화상자에서 '우수'를 입력하고 [적용할 서식]을 지정합니다.

07 [확인] 버튼을 클릭합니다. '우수' 등급에만 서식이 표시되므로 쉽게 알아볼 수 있습니다.

상반기 OA 평가 결과

부서명	사번	이름	직급	엑셀	워드	PPT	평균	등급
해외영업팀	A03158	송유진	사원	63	66	51	60	보통
영업3팀	A06818	이지수	부장	55	50	70	58	재시험
영업3팀	A03696	임진우	부장	72	99	57	76	보통
영업1팀	A09633	이영재	사원	75	69	102	82	우수
홍보팀	A02723	전혜린	대리	75	93	75	81	우수
총무팀	A02401	정미숙	과장	93	84	81	86	우수
총무팀	A08183	나은주	과장	72	57	69	66	보통
인사팀	A05098	하준호	대리	78	69	66	71	보통
재무팀	A08482	강민우	대리	90	57	54	67	보통
영업지원팀	A05402	김지현	대리	90	78	54	74	보통
기획팀	A03951	손현우	사원	87	99	93	93	우수
해외영업팀	A03202	장지영	과장	54	87	99	80	우수
영업3팀	A06458	신지민	사원	84	60	51	65	보통
인사팀	A04461	최현수	부장	90	69	75	78	보통
홍보팀	A05100	정준영	사원	69	81	78	76	보통
영업2팀	A08325	고민재	사원	69	78	84	77	보통
홍보팀	A06683	신영호	사원	54	87	57	66	보통

10 깔끔한 보고서 만드는 방법 SECTION

◉ **예제 파일**: 예제\03장\깔끔한 보고서.xlsx

보고서를 만들고 나서 출력할 때 파일 이름이나 시트 이름을 함께 표시하면 버전을 관리하기도 좋고 편리합니다. 보통은 머리글이나 바닥글에 문서나 시트 이름을 표시합니다([파일] – [인쇄] – [페이지 설정] – [머리글/바닥글] 메뉴에서 지정합니다).

하지만 워크시트의 특정한 공간(셀)에 통합 문서 이름이나 시트 이름을 표시하면 더욱 깔끔해 보이고 관리하기 편리할 수 있습니다.

	A	B	C	D	E	F	G	H	I	J
1					팀별/요일별 실적					
2										
3		팀	Mon	Tue	Wed	Thr	Fri	Sat	합계	
4		동부	4,822	3,772	3,227	3,920	4,603	3,955	24,299	
5		서부	4,159	4,823	4,700	3,386	3,556	3,032	23,656	
6		남부	3,478	4,829	3,344	4,582	3,719	3,331	23,283	
7		북부	4,122	4,866	3,110	4,764	3,180	4,151	24,193	
8		중부	4,233	3,122	3,106	3,449	4,662	3,321	21,893	
9		부산	4,490	4,479	4,389	3,933	3,528	4,318	25,137	
10		대구	3,082	3,248	4,103	3,398	3,327	4,346	21,504	
11		대전	4,679	4,103	4,358	3,261	4,320	4,872	25,593	
12		광주	4,323	4,445	3,941	3,802	4,148	4,262	24,921	
13		제주	4,607	4,229	4,432	4,484	4,748	4,692	27,192	
14		합계	41,995	41,916	38,710	38,979	39,791	40,280	241,671	
15										
16		작성일자 : 2024/06/02 (일)								
17		파일명 : 깔끔한 보고서.xlsx								
18		시트명 : 연습								
19										

01 얻고자 하는 결과가 단순하므로 프롬프트도 심플합니다.

> **프롬프트** 워크시트에 파일명을 표시하고 싶다. 엑셀 수식은?

02 Enter↵ 키를 누르거나 [제출] 아이콘을 클릭합니다. CELL 함수를 사용하면 된다고 합니다. [복사] 아이콘을 클릭하여 수식을 복사합니다. 이 수식을 기억하거나 이해하려고 애쓸 필요는 없습니다. 제대로 작동되도록 하려면 "파일이 저장"되어야 한다는 설명만 유의하면 되겠습니다.

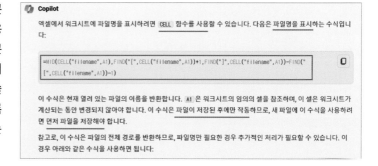

🔷 **Copilot**

엑셀에서 워크시트에 파일명을 표시하려면 CELL 함수를 사용할 수 있습니다. 다음은 파일명을 표시하는 수식입니다:

```
=MID(CELL("filename",A1),FIND("[",CELL("filename",A1))+1,FIND("]",CELL("filename",A1))-FIND("[",CELL("filename",A1))-1)
```

이 수식은 현재 열려 있는 파일의 이름을 반환합니다. A1 은 워크시트의 임의의 셀을 참조하며, 이 셀은 워크시트가 계산되는 동안 변경되지 않아야 합니다. 이 수식은 파일이 저장된 후에만 작동하므로, 새 파일에 이 수식을 사용하려면 먼저 파일을 저장해야 합니다.

참고로, 이 수식은 파일의 전체 경로를 반환하므로, 파일명만 필요한 경우 추가적인 처리가 필요할 수 있습니다. 이 경우 아래와 같은 수식을 사용하면 됩니다:

> **참고 ▶ CELL 함수**
>
> 엑셀 파워 유저 중에 CELL이라는 함수를 알고 있는 사람이 얼마나 될까요? CELL은 '셀의 서식이나 위치, 내용에 대한 정보를 알려주는 함수'입니다. 자세한 사항은 'excel cell 함수'로 검색해보세요.

03 예제 파일의 C17 셀에서 F2 키(또는 수식 입력줄을 클릭)를 눌러 수식 편집 상태로 전환합니다. Ctrl + V 키를 눌러 수식을 붙여넣고, Enter↵ 키를 누르면 현재 통합 문서 이름이 표시됩니다.

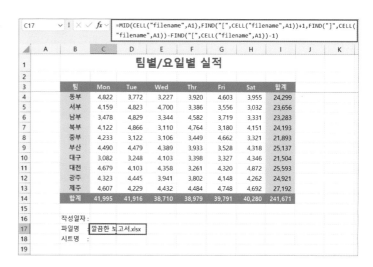

C17: =MID(CELL("filename",A1),FIND("[",CELL("filename",A1))+1,FIND("]",CELL("filename",A1))-FIND("[",CELL("filename",A1))-1)

04 이번에는 워크시트에 시트 이름을 표시해보겠습니다. 프롬프트는 거의 비슷합니다. '파일명'을 '현재 시트 이름'으로 수정했습니다.

> **프롬프트** 워크시트에 현재 시트 이름을 표시하고 싶다. 엑셀 수식은?

05 Enter↵ 키를 누르거나 [제출] 아이콘을 클릭합니다. 이번에도 CELL 함수를 사용한 수식을 알려줍니다. [복사] 아이콘을 클릭합니다.

06 시트명을 표시할 셀(C18)에서 F2 키나 수식 입력줄을 클릭합니다. Ctrl + V 키를 눌러 수식을 붙여넣은 다음 Enter↵ 키를 누르면 현재 시트 이름이 나타납니다.

C18: =MID(CELL("filename",A1), FIND("]", CELL("filename",A1))+1, 255)

11 [보너스 예제] 깔끔한 보고서 작성을 위한 팁 2가지   SECTION

⊙ **예제 파일**: 예제\03장\깔끔한 보고서.xlsx

---

01   열 너비 변경 없이 날짜와 시간 모두 표시하기   Unit

---

01 문서의 버전 관리를 위해 날짜를 삽입하는 경우가 흔히 있습니다. 단축키를 이용하면 현재 날짜나 시간을 입력할 수 있습니다. 예를 들어 Ctrl + ; (세미콜론) 키는 현재 날짜, Ctrl + : (콜론) 키는 현재 시간을 삽입합니다. Ctrl + ; (공백) Ctrl + : 키를 입력하면 현재 날짜와 시간이 함께 입력됩니다.

02 하지만 Enter↵ 키를 누르는 순간 ######으로 표시됩니다(수식 입력줄에는 제대로 표시됩니다).

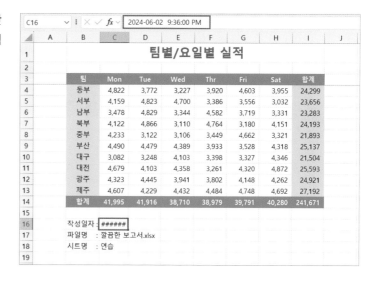

03 이것은 열 너비가 날짜(또는 시간) 정보를 표현하기에 좁기 때문에 나타나는 현상입니다. 그렇다고 하여 열 너비를 확장하면 표의 균형이 깨져서 보기에 좋지 않습니다.

04 이런 경우에는 TEXT 함수를 사용하면 편리합니다. 예제 파일의 C16 셀에는 다음 수식이 들어있습니다. 한글이 아닌 영문 요일로 표시하려면 aaa 대신 ddd를 사용합니다.

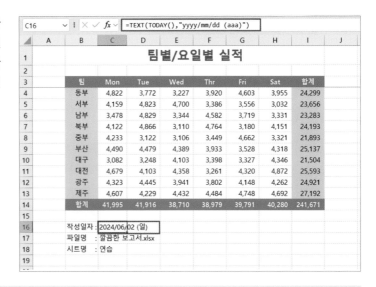

C16: =TEXT(TODAY(),"yyyy/mm/dd (aaa)")

02 열 너비와 상관없이 콜론 자동으로 붙이기 Unit

01 작성일자, 파일명, 시트명 뒤에는 콜론이 입력되어있습니다. 하지만 수식 입력줄을 보면 문자 뒤에 콜론은 보이지 않습니다. 이것은 어떻게 한 것일까요?

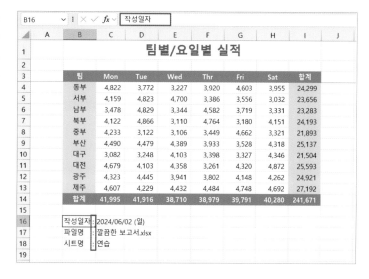

02 사용자 지정 셀 서식을 이용하면 이렇게 할 수 있습니다. 문자 뒤에 콜론을 표시할 셀을 선택합니다. 영역이 떨어져 있다면 Ctrl 키를 누른 채 선택합니다.

03 Ctrl + 1 키를 눌러서 [셀 서식] 대화상자를 표시합니다.

04 [표시형식] 탭 - [사용자 지정] 범주를 선택합니다. [형식] 란에 @* :라고 입력합니다(*와 : 사이에 공백이 하나 있습니다).

05 [확인] 버튼을 클릭합니다. 콜론이 자동으로 입력됩니다. 열 너비를 변경하더라도 콜론은 항상 셀 오른쪽 끝에 위치합니다.

팀별/요일별 실적

팀	Mon	Tue	Wed	Thr	Fri	Sat	합계
동부	4,822	3,772	3,227	3,920	4,603	3,955	24,299
서부	4,159	4,823	4,700	3,386	3,556	3,032	23,656
남부	3,478	4,829	3,344	4,582	3,719	3,331	23,283
북부	4,122	4,866	3,110	4,764	3,180	4,151	24,193
중부	4,233	3,122	3,106	3,449	4,662	3,321	21,893
부산	4,490	4,479	4,389	3,933	3,528	4,318	25,137
대구	3,082	3,248	4,103	3,398	3,327	4,346	21,504
대전	4,679	4,103	4,358	3,261	4,320	4,872	25,593
광주	4,323	4,445	3,941	3,802	4,148	4,262	24,921
제주	4,607	4,229	4,432	4,484	4,748	4,692	27,192
합계	41,995	41,916	38,710	38,979	39,791	40,280	241,671

작성일자	: 2024/06/02 (일)
파일명	: 깔끔한 보고서.xlsx
시트명	: 연습

12 특수한 평균 계산하기

⊙ **예제 파일**: 예제\03장\특수한 평균 계산.xlsx

편차를 줄이기 위해 최고/최저 점수를 제외하고 평균을 구해야 하는 경우가 있습니다. 스포츠 경기 중에서 피겨 스케이팅이나 체조 등의 종목이 이에 해당합니다. 회사에서도 각종 경진대회에서 심사의 공정성을 기하기 위해 이런 방식으로 채점을 하곤 합니다. 언뜻 쉬워 보이지만 직접 해보면 은근히 까다로울 수 있습니다.

01 '최대값', '최소값' 등을 포함한 프롬프트를 작성합니다.

> **프롬프트** c4:l4 영역에 숫자가 있다. 최대값과 최소값을 제외한 평균을 구하기 위한 엑셀 수식은?

02 Enter↵ 키를 누르거나 [제출] 아이콘을 클릭합니다. 다양한 함수를 사용한 수식이 생성되었습니다. "이 수식은 범위 내에 최소 3개의 숫자가 있을 때만 유효"하다고 합니다. 경우에 따라서는 AVERAGE 함수를 사용하거나 배열 수식을 사용하기도 합니다. 수식뿐만 아니라 설명도 꼼꼼히 읽어보시기 바랍니다. [복사] 아이콘을 클릭하여 수식을 복사합니다.

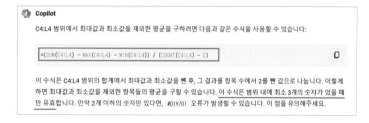

03 연습 시트의 M4 셀을 선택합니다. 수식 입력줄을 클릭하고(또는 F2 키 사용) Ctrl + V 키를 눌러 수식을 붙여넣습니다.

```
M4: =(SUM(C4:L4) - MAX(C4:L4) - MIN(C4:L4)) / (COUNT(C4:L4) - 2)
```

04 Enter↵ 키를 누르면 'Judge 1'에 대한 최대 최소값을 제외한 평균이 구해집니다. M4 셀 오른쪽 아래에 있는 채우기 핸들을 이용하여 수식을 나머지 영역에도 채워넣기하여 완성합니다.

| 참고 | 코파일럿은 다양한 함수를 사용한 해결 방법을 알려주며 경우에 따라서는 코파일럿이 배열 수식을 사용한 수식을 안내하기도 합니다. 배열 수식과 관련해서는 110쪽을 참고하세요.

13 주민등록번호 뒷자리에 *** 표시하여 숨기기 SECTION

◉ **예제 파일**: 예제\03장\주민등록번호 숨기기.xlsx

주민등록번호에는 여러 가지 정보들이 담겨있으므로 각별히 주의해서 관리해야 합니다. 주민등록번호가 노출되는 것을 방지하기 위해 뒷자리에 *** 표시를 하여 숨길 수 있을까요? 코파일럿을 통해 알아보겠습니다.

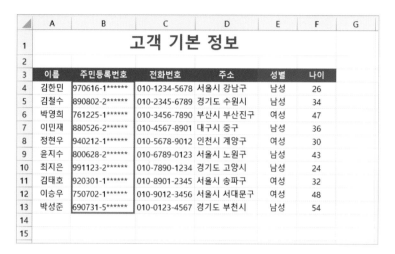

	A	B	C	D	E	F	G
1			고객 기본 정보				
2							
3	이름	주민등록번호	전화번호	주소	성별	나이	
4	김한민	970616-1******	010-1234-5678	서울시 강남구	남성	26	
5	김철수	890802-2******	010-2345-6789	경기도 수원시	남성	34	
6	박영희	761225-1******	010-3456-7890	부산시 부산진구	여성	47	
7	이민재	880526-2******	010-4567-8901	대구시 중구	남성	36	
8	정현우	940212-1******	010-5678-9012	인천시 계양구	여성	30	
9	윤지수	800628-2******	010-6789-0123	서울시 노원구	남성	43	
10	최지은	991123-2******	010-7890-1234	경기도 고양시	남성	24	
11	김태호	920301-1******	010-8901-2345	서울시 송파구	여성	32	
12	이승우	750702-1******	010-9012-3456	서울시 서대문구	여성	48	
13	박성준	690731-5******	010-0123-4567	경기도 부천시	남성	54	
14							
15							

> **참고** ▶ 이 책에 수록된 주민등록번호나 각종 개인정보는 가상의 데이터입니다.

01 B4 셀의 주민등록번호 오른쪽 6글자를 ******로 표시하기 위한 프롬프트를 작성합니다.

> **프롬프트** 엑셀 워크시트 b4 셀에 입력된 내용 중에서 오른쪽 6글자를 ******로 표시하려면?

02 Enter↵ 키를 누르거나 [제출] 아이콘을 클릭합니다. 문제를 해결할 수 있는 수식과 함께 "이 공식은 새로운 셀에 적용되며 원래의 데이터는 변경되지 않"는다고 합니다. "원래의 데이터를 직접 변경하려면 VBA"를 사용해야 한다고 합니다. VBA로 코딩을 하지 않고서도 해결할 수 있습니다. [복사] 아이콘을 클릭해 수식을 복사합니다.

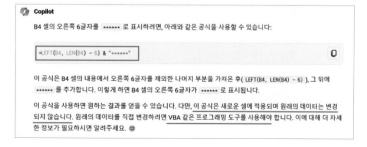

🔵 **Copilot**

B4 셀의 오른쪽 6글자를 ****** 로 표시하려면, 아래와 같은 공식을 사용할 수 있습니다:

```
=LEFT(B4, LEN(B4) - 6) & "******"
```

이 공식은 B4 셀의 내용에서 오른쪽 6글자를 제외한 나머지 부분을 가져온 후(LEFT(B4, LEN(B4) - 6)), 그 뒤에 ****** 를 추가합니다. 이렇게 하면 B4 셀의 오른쪽 6글자가 ****** 로 표시됩니다.

이 공식을 사용하면 원하는 결과를 얻을 수 있습니다. 다만, 이 공식은 새로운 셀에 적용되며 원래의 데이터는 변경되지 않습니다. 원래의 데이터를 직접 변경하려면 VBA 같은 프로그래밍 도구를 사용해야 합니다. 이에 대해 더 자세한 정보가 필요하시면 알려주세요. 😊

03 빈 셀(예: H4 셀)을 선택한 다음 Ctrl + V 키를 눌러 수식을 붙여넣기 합니다. 주민등록번호가 '970616-1******'와 같은 형태로 바뀝니다.

H4: =LEFT(B4, LEN(B4) - 6) & "******"

04 H4 셀의 채우기 핸들을 이용하여 수식을 나머지 셀에도 채워넣습니다. H4:H13 영역을 선택하고 Ctrl + C 키를 누릅니다.

05 원래 주민등록번호가 들어있는 B4 셀을 클릭하고 마우스 오른쪽 버튼을 클릭합니다. [붙여넣기 옵션] 메뉴에서 [값] 아이콘을 선택하면 수식이 값으로 붙여넣기됩니다.

06 H4:H13 영역의 값은 더 이상 필요 없으므로 범위를 지정하고 Del 키를 눌러 지웁니다.

14 조건에 맞는 모든 자료 표시하기 SECTION

⦿ **예제 파일**: 예제\03장\모든 자료 표시.xlsx

VLOOKUP 함수가 똑똑하지만 한계가 몇 가지 있습니다. 그중 하나가 찾는 값이 여러 개 있어도 첫 번째 값만 가지고 올 수 있다는 점입니다. 이 문제는 INDEX와 MATCH 함수 조합을 사용해도 마찬가지입니다.

완성 예와 같이 조건에 맞는 모든 자료를 표시하려면 어떻게 해야 할까요? 이런 작업은 필터나 피벗 테이블을 이용할 수 있겠으나 함수를 이용하면 더 편리한 경우가 있습니다. 코파일럿은 어떤 해법을 알려줄까요?

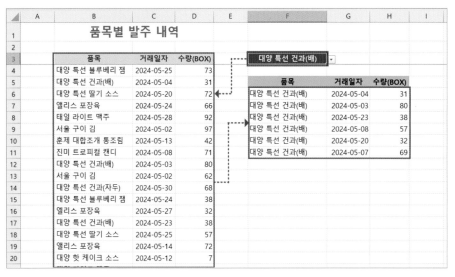

▲ 완성 예

⚠ **주의**

이번 예제에서 사용되는 수식은 상당히 복잡합니다. 이 책에서 사용한 수식 중에서 가장 복잡한 수식입니다. 여기서는 수식을 이해하려고 하기보다는 문제 상황을 어떻게 잘 정리하고 프롬프트로 바꿔서 코파일럿에게 전달할 수 있을지를 고민하세요.

01 데이터 유효성 검사 설정하기 `Unit`

01 검색할 품목은 직접 입력할 수도 있지만 '데이터 유효성 검사' 기능을 사용하면 편리합니다. 워크시트 빈 공간에 품목을 정리해 두고 활용합니다. F3 셀을 선택하고 [데이터] 탭 – [데이터 도구] 그룹 – [데이터 유효성 검사] 메뉴를 선택합니다.

02 [데이터 유효성] 대화상자가 나타납니다. [제한 대상]을 [목록]으로 지정합니다. [원본] 입력란을 클릭하고 M3:M14 영역을 드래그합니다.

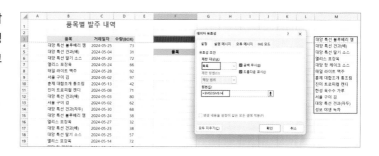

03 [확인] 버튼을 클릭합니다. 이제 F3 셀에 있는 드롭다운 버튼을 이용하여 품목을 선택할 수 있습니다.

---

02   코파일럿으로 수식 작성하기 `Unit`

---

01 참조 테이블 범위, 찾을 값 위치, 결과를 표시할 위치 등을 사용하여 프롬프트를 작성합니다. 작업 순서대로 차근차근 단
문으로 정리하고, `Shift` + `Enter↵` 키로 연결하여 프롬프트를 완성합니다.

> `프롬프트`   vlookup 함수를 사용하면 조건을 충족하는 첫 번째 값만 가지고 오는 문제가 있다. 다음 내용을 반영하
> 여 이 문제를 해결하는 수식을 작성해줘. `Shift` + `Enter↵`
> 1) 전체 참조 테이블은 현재 워크시트 b4:d63 영역에 있다. `Shift` + `Enter↵`
> 2) vlookup 함수의 '찾을 값'은 f3 셀에 있다. `Shift` + `Enter↵`
> 3) b4:b63 영역 중에서 f3 셀과 일치하는 모든 자료를 f6 셀부터 표시한다. `Enter↵`

02 `Enter↵` 키를 누르거나 [제출] 아이콘
을 클릭합니다. 어마무시한(?) 수식이
작성되었습니다. 설명문을 꼼꼼히 읽
어볼 필요가 있습니다. '배열 수식'이
므로 `Ctrl` + `Shift` + `Enter↵` 키를 눌
러야 하며, 그러면 중괄호 { }가 자동
으로 생긴다고 안내합니다. 또한 별다
른 지시를 하지 않았는데 IFERROR
함수를 사용하여 값이 없는 셀은 빈
문자열을 반환하도록 해주기까지 했
습니다. 하나를 말하면 열을, 아니 둘
을 해주는군요. [복사] 아이콘을 클릭
하여 수식을 복사합니다.

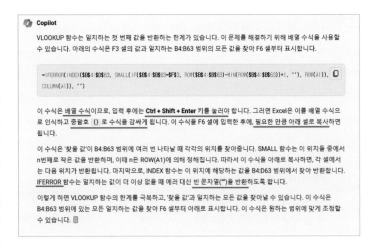

03 F6 셀을 선택합니다. `F2` 키를 눌러 수식 편집 상태로 전환한 다음, `Ctrl` + `V` 키를 눌러 수식을 붙여넣기합니다. 코파일럿
이 알려준 대로 그냥 `Enter↵` 키가 아니라 `Ctrl` + `Shift` + `Enter↵` 키를 누르면 결과가 표시됩니다. 수식 맨 앞과 뒤에 중괄
호가 { }가 자동으로 생깁니다. 손으로 직접 입력하지 않도록 주의하세요.

F6	fx	{=IFERROR(INDEX($B$4:$D$63, SMALL(IF($B$4:$B$63=$F$3, ROW($B$4:$B$63)-MIN(ROW($B$4:$B$63))+1, ""), ROW(A1)), COLUMN(A1)), "")}

	A	B	C	D	E	F	G	H	I	J	K	L	M
1		**품목별 발주 내역**											
2													
3		**품목**	**거래일자**	**수량(BOX)**		대양 특선 블루베리 잼							대양 특선 블루베리 잼
4		대양 특선 블루베리 잼	2024-05-25	73									대양 특선 건과(배)
5		대양 특선 건과(배)	2024-05-04	31		**품목**	**거래일자**	**수량(BOX)**					대양 특선 딸기 소스
6		대양 특선 딸기 소스	2024-05-20	72		대양 특선 블루베리 잼							앨리스 포장육
7		앨리스 포장육	2024-05-24	66									대양 핫 케이크 소스
8		태일 라이트 맥주	2024-05-28	92									태일 라이트 맥주
9		서울 구이 김	2024-05-02	97									훈제 대합조개 통조림

```
F6:  {=IFERROR(INDEX($B$4:$D$63, SMALL(IF($B$4:$B$63=$F$3, ROW($B$4:$B$63)-MIN(ROW($B$4:$B$63))+1,
""), ROW(A1)), COLUMN(A1)), "")}
```

04 채우기 핸들을 이용하여 수식을 아래로 복사합니다. 만약 앞의 수식에서 IFERROR가 사용되지 않았다면 데이터가 없는 영역에는 그림과 같이 '#NUM!' 오류가 나타납니다. 만약 코파일럿이 IFERROR이 포함되지 않은 수식을 작성했다면 추가하도록 요청하세요.

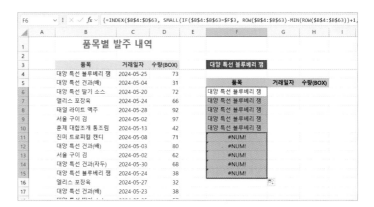

참고 ▶ #NUM! 오류

수식의 결과 값이 너무 크거나 작아서 계산 결과를 반환하지 못하는 경우에 발생하는 오류입니다.

---

03 수식 확장하기 `Unit`

01 앞의 수식으로 '품목' 정보는 모두 불러왔습니다. '거래일자'와 '수량(BOX)' 정보를 함께 가지고 와서 완성하도록 합니다. 코파일럿에게 설명하여 수식을 다시 작성할 수도 있겠으나 눈치(?)를 발휘하면 더욱 쉽게 해결됩니다.

02 F6 셀을 선택하고 수식 입력줄을 클릭합니다. 수식을 범위로 지정하고 `Ctrl` + `C` 키를 눌러 복사합니다. 수식 편집 상태가 되면 배열 수식 좌우의 중괄호가 사라집니다.

03 `Esc` 키를 누른 다음 G6 셀을 선택합니다. 수식 입력줄(또는 `F2`)를 눌러 수식 편집 상태로 전환하고 `Ctrl` + `V` 키를 누릅니다. 수식을 자세히 보면, 참조 테이블 범위(B4:D63 영역)나 찾을 값(`F3`) 등은 수정할 필요가 없습니다. '두 번째 열에 해당하는 값을 가지고 오기 위해서는 COLUMN(A1)을 수정하면 되겠구나' 하는 것을 짐작으로 알 수 있습니다. 그러기 위해 A1을 B1로 바꿔줍니다.

```
X ✓ fx ▾  =IFERROR(INDEX($B$4:$D$63, SMALL(IF($B$4:$B$63=$F$3, ROW($B$4:$B$63)-MIN(ROW($B$4:$B$63))+1, ""), ROW(A1)), COLUMN(B1) ), "")
```

```
G6: {=IFERROR(INDEX($B$4:$D$63, SMALL(IF($B$4:$B$63=$F$3, ROW($B$4:$B$63)-MIN(ROW($B$4:$B$63))+1,
""), ROW(A1)), COLUMN(B1)), "")}
```

04 배열 수식이므로 [Ctrl] + [Shift] + [Enter↵] 키를 누르면 결과가 표시됩니다.

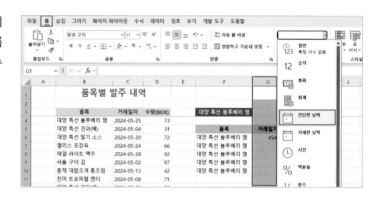

05 그런데 날짜가 아닌 이상한 숫자가 표시되었습니다. 왜 이런 걸까요? 앞에서 '사용자 지정 서식'에 대해 배웠습니다(62쪽 참고). 엑셀은 날짜나 시간 개념이 없습니다. 시간과 날짜를 숫자로 인식합니다. 1900년 1월 1일은 1, 1900년 1월 2일은 2, 이런 식으로 일련 번호를 붙여 관리합니다(시간은 0과 1 사이의 소수점으로 관리합니다). 45437이라는 것은 '1900년 1월 1일부터 시작해서 45437번째'라는 것을 뜻합니다.

06 G열 머리글을 클릭하여 범위를 지정합니다. [홈] 탭 – [표시 형식] 그룹 – [표시 형식] – [간단한 날짜] 메뉴를 선택합니다.

07 숫자가 날짜 형태로 변환되었습니다.

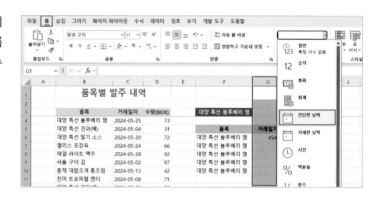

08 앞에서와 같은 방식으로 G6 셀의 수식을 복사하여 H6 셀에 붙여넣기한 다음, 수식을 수정합니다. 다른 부분은 수정할 것이 없고, 참조 테이블에서 '수량(BOX)' 정보는 3번째 열에 있으므로 B1을 C1로 고쳐주기만 하면 됩니다.

```
✓ fx ✓ =IFERROR(INDEX($B$4:$D$63, SMALL(IF($B$4:$B$63=$F$3, ROW($B$4:$B$63)-MIN(ROW($B$4:$B$63))+1, ""), ROW(A1)), COLUMN(C1)), "")
```

```
H6: {=IFERROR(INDEX($B$4:$D$63, SMALL(IF($B$4:$B$63=$F$3, ROW($B$4:$B$63)-MIN(ROW($B$4:$B$63))+1,
""), ROW(A1)), COLUMN(C1)), "")}
```

09 Ctrl + Shift + Enter↵ 키를 누르면 결과가 표시됩니다. F6:H6 영역을 범위로 지정하고 수식을 복사하여 완성합니다.

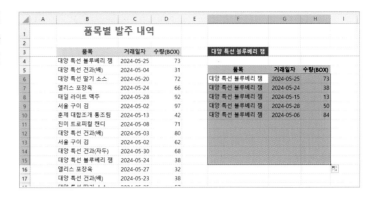

10 이제 F3 셀의 드롭다운 버튼으로 품목을 선택하면 해당되는 모든 품목이 자동으로 표시됩니다.

TIP 책에서 소개한 내용을 비롯한 다양한 팁을 알 수 있는 영상입니다.

▶ https://youtu.be/wu0yGlUdvPE?si=bu1_AHEIN11JOdnM

코파일럿으로 엑셀 매크로와 VBA 자동화

CHAPTER. 04

노코드(No code) 혹은 로우 코드(Low code)에 대한 관심이 높습니다. 이는 코딩 없이(또는 코딩을 최소화) 앱이나 프로그램을 개발하는 작업 방식을 말합니다. 코파일럿을 이용하면 매크로나 VBA를 전혀 모르더라도 VBA 코드를 만들어 자신의 업무에 적용할 수 있습니다.

Chapter 04에서는 코파일럿 코딩을 통해 매크로와 VBA 업무를 자동화하는 방법에 대해 알아봅니다. 데이터를 자동으로 집계하고, 주간 실적 데이터를 요약하고, 특정 행을 자동으로 삽입/삭제하는 등 다양한 자동화 처리를 할 수 있습니다. 심지어는 엑셀에 있을 것 같은데 없는 기능을 만들 수도 있습니다.

VBA 초보를 한순간에 VBA 프로그래머로 만들어주는 코파일럿의 마법 같은 능력을 직접 경험해보세요!

 주의

코파일럿은 생성형 AI입니다. 생성형 AI는 미리 정해진 답을 내놓는 것이 아니라 AI가 학습을 통해 결과를 만들어내는 특징이 있습니다. 따라서 비슷하거나 심지어 **같은 프롬프트를 사용하더라도 결과는 달라질 수** 있습니다. 만약 원하는 결과가 나오지 않는다면 **프롬프트를 조금씩 바꿔가며 반복**해보시기 바랍니다.

이번 Chapter에서 **중요한 것은 VBA 코드 자체가 아니라 문제 사항으로부터 키워드와 프롬프트를 작성하여 해결책을 찾아가는 과정**에 있습니다. 따라서 책 본문에 VBA 전체 코드가 표시되어 있지 않고 생략된 경우도 있습니다. 대신 프롬프트와 VBA 코드는 **예제 파일에 모두 수록**되어있으니 이것을 참고하시기 바랍니다.

코파일럿[대화 스타일]은 [보다 정교한]을 선택하고 진행합니다(선택 가능한 경우).

01 매크로와 VBA 기본 이해 SECTION

01 매크로 개념, 장점과 한계 Unit

매크로(Macro)란 '일련의 반복되는 작업을 미리 기억시켜 두었다가 필요할 때 일괄적으로 처리하는 것'을 말합니다. 매크로는 다음과 같은 장점이 있습니다.

- 조작 방법이 쉽다.
- 반복되는 업무를 몇 번의 키 조작으로 처리할 수 있다.
- 별도의 추가 비용 없이 간단한 수준의 업무 자동화를 할 수 있다.

반면 엑셀의 매크로는 다음과 같은 사항은 처리할 수 없습니다.

- 순환 반복 처리(예: For ~ Next, Do ~ Loop문 사용)
- 조건 분기 처리(예: IF, Select ~ Case문 사용)
- 처리 결과를 메시지로 표시하기(예: MsgBox를 통해 메시지 표시)
- 사용자로부터 값을 입력 받아 처리하기(예: InputBox를 통해 사용자가 값 입력)

흔히 엑셀에서 '매크로'와 VBA를 같은 것이라고 생각하는 경향이 있습니다. 실무에서는 혼용해서 사용하기도 합니다. 그렇게 생각한다고 해서 특별히 문제가 될 것은 전혀 없습니다. 다만 개념적으로는 차이가 있다는 것은 알아두면 도움이 됩니다.

02 VBA 개념 Unit

VBA는 Visual Basic for Application의 줄임말로, '각종 응용 프로그램(엑셀, 워드, 파워포인트, 액세스 같은)을 위한 비주얼 베이직' 언어입니다. VBA는 조건 분기 처리나 순환 반복 작업 등을 통해 업무를 자동화할 수 있는 프로그래밍 언어입니다. 여러분의 컴퓨터에 엑셀이나 워드, 파워포인트 같은 오피스 응용 프로그램이 설치되어있다면 VBA라는 프로그래밍 언어를 사용할 수 있습니다. 별도의 비용을 지불하지 않고서도 말이죠.

매크로와 VBA는 실무에서는 거의 같은 개념으로 사용하며, 프로시저(Procedure)나 코드(Code)라고도 부릅니다. 이 책에서는 매크로, VBA, 프로시저, 코드 등의 용어를 같은 개념으로 사용하며, 상황에 따라 적절한 것을 혼용합니다. 용어 자체에 너무 집착하지 않아도 됩니다.

---

03   VBA 기본 환경 설정   `Unit`

매크로를 제대로 사용하려면 [개발 도구] 탭을 표시하는 것이 좋습니다. 리본에는 이 탭이 기본적으로 표시되지 않으며, 다음 과정을 통해 [개발 도구] 탭을 추가합니다.

01   [파일] – [옵션] 메뉴를 선택합니다.

02   [Excel 옵션] 대화상자에서 [리본 사용자 지정] 탭 – '개발 도구' 항목에 체크 표시를 하고 [확인] 버튼을 클릭합니다.

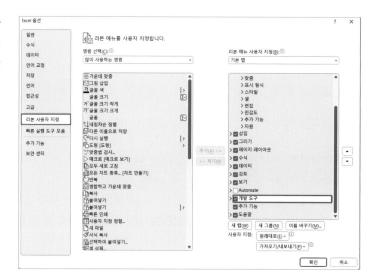

03   리본에 [개발 도구] 탭이 표시됩니다. 코드를 작성하거나 각종 컨트롤(Control)을 삽입할 수 있는 다양한 도구들이 있습니다.

---

04   VBA의 얼굴, Visual Basic Editor 이해하기   `Unit`

일반 문서 작업을 할 때 워드 프로세스 프로그램을 사용합니다. VBA로 코딩을 할 때에는 전용 공간을 사용하는데, 이 공간을 Visual Basic Editor(줄여서 VBE 또는 VB Editor)라고 합니다. VBE는 어디에 있을까요? [개발 도구] 탭 – [코드] 그룹 – [Visual Basic] 메뉴를 클릭하거나 단축키인 `Alt` + `F11` 키를 눌러 보세요. 두 가지 방법 중 하나를 사용하면 다음과 같은 VBE가 나타납니다.

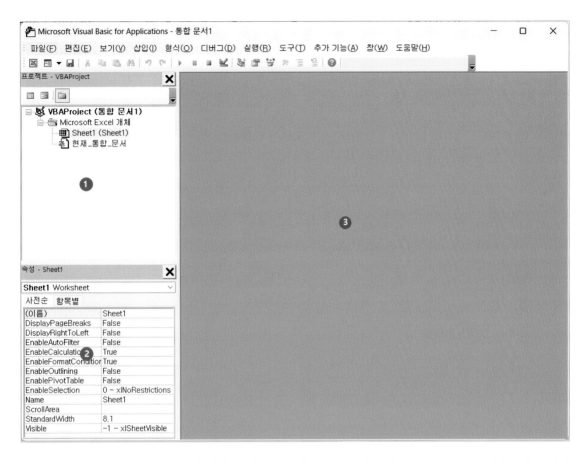

엑셀을 오랫동안 사용해왔지만 이런 화면을 처음 본다면 그동안 엑셀의 기능을 제대로 사용하지 못하고 있었던 겁니다. 이번 기회에 본전을 뽑도록 하세요. VBE는 엑셀뿐만 아니라 워드나 파워포인트, 액세스 등에도 있으며 같은 방식으로 사용할 수 있습니다.

사용하는 사람의 취향에 따라 VBE의 설정 상태가 다를 수 있습니다만 가장 많이 사용하는 프로젝트 탐색기, 속성 창, 코드 창 등 3개의 창에 대해 간단히 살펴봅니다.

❶ **프로젝트 탐색기**: 프로젝트 탐색기는 각 프로젝트(엑셀 파일 또는 통합 문서)가 포함하고 있는 모든 구성 항목을 윈도우 탐색기처럼 트리(Tree) 구조로 보여줍니다. 현재 열려있는 모든 엑셀 파일을 이곳에서 확인할 수 있으며, 모듈이나 다른 개체들을 탐색할 수 있습니다. 프로젝트 탐색기가 화면에 표시되어있지 않다면 VBE에서 [보기] – [프로젝트 탐색기] 메뉴를 선택하거나 Ctrl + R 키를 누릅니다.

❷ **속성 창**: 속성 창은 개체의 속성과 현재 설정된 사항에 대한 정보를 보여주는 창입니다. 속성 창이 보이지 않는다면 VBE에서 [보기] – [속성 창] 메뉴를 선택하거나 F4 키를 누릅니다.

❸ **코드 창**: 코드 창은 VBA 코드를 작성하거나 편집할 때 사용하는 창입니다. 현재 선택된 파일에 모듈이 하나도 없다면 이 창은 회색 바탕의 빈 공간으로 표시됩니다. 코드 창이 보이지 않는다면 [보기] – [코드] 메뉴를 선택하거나 F7 키를 눌러보세요.

05   매크로 사용 설정   `Unit`

인터넷이나 낯선 경로를 통해 받은 엑셀 파일은 사용 시 주의를 하는 것이 좋습니다. 특히 매크로가 포함된 파일인 경우 더욱 그렇습니다. 회사의 보안 정책에 따라 Excel 매크로 사용 통합 문서(*.xlsm)의 매크로가 제외된 채 열릴 수도 있습니다. 보안은 유지하면서 매크로 포함 파일을 열려면 다음과 같이 해보시기 바랍니다.

01   [개발 도구] 탭 – [코드] 그룹 – [매크로 보안] 메뉴를 클릭합니다.

02   [보안 센터] 대화상자에서 [매크로 설정] – [알림이 포함된 VBA 매크로 사용 안 함] 옵션을 선택합니다.

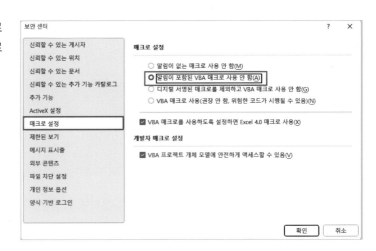

> **참고** ✏ 엑셀 버전에 따라 대화상자의 모양이 조금 다를 수도 있습니다만, 전후 문맥을 잘 읽어보면 어렵지 않게 따라 할 수 있으리라 생각합니다.

03   [확인] 버튼을 클릭합니다.

06   매크로 차단 해제   `Unit`

매크로를 악용한 악성코드나 바이러스가 증가함에 따라 마이크로소프트는 보안 조치를 강화하고 있습니다. 마이크로소프트는 2022년에 매크로를 기본적으로 차단하는 보안 업데이트를 단행했습니다. 출처가 확실하고 이상이 없는 파일이라고 확신할 수 있는 경우라면 다음 과정을 통해 차단 기능을 해제할 수 있습니다.

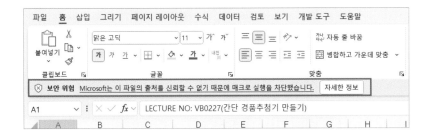

01 윈도우 탐색기를 열고 해당 파일이 있는 곳으로 이동합니다.

02 파일을 마우스 오른쪽 버튼으로 클
릭하고, 팝업 메뉴에서 [속성] 버튼
을 선택합니다.

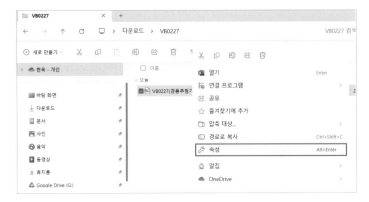

03 [일반] 탭에서 [차단 해제] 항목을 클
릭하여 체크 표시를 하고 [확인] 버
튼을 클릭합니다.

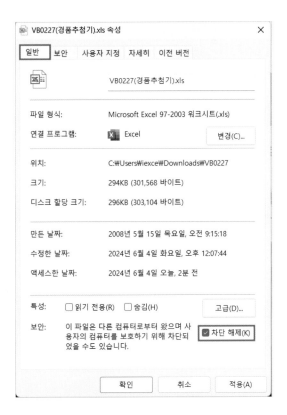

04 파일을 열어보면 [보안 경고] 메시지
가 표시됩니다. [콘텐츠 사용] 버튼
을 클릭합니다. 이제 매크로가 포함
된 파일도 사용할 수 있습니다.

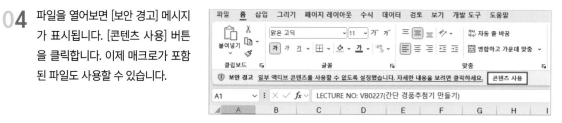

이 정도만 알아두면 코파일럿으로 VBA를 활용하기 위한 준비가 되었습니다. 나머지 사항은 실제 코딩을 하면
서 알아가도록 합니다.

02 구구단 표로 코파일럿 VBA 코딩 프로세스 이해하기 SECTION

⊙ **예제 파일**: 예제\04장\구구단 테이블.xlsm

VBA 코딩을 배울 때 구구단 테이블을 한 번씩 만들어봅니다. 언뜻 쉬워 보여도 셀 주소와 반복문 등에 대한
개념이 정립되어있어야 하기 때문에 관련 로직을 이해하는 데 도움이 되기 때문입니다. 코파일럿과 커뮤니케
이션을 제대로 하면 얼마나 간단하게 해결할 수 있는지 확인해보세요.

◢	A	B	C	D	E	F	G	H	I
1									
2	2 X 1 = 2	3 X 1 = 3	4 X 1 = 4	5 X 1 = 5	6 X 1 = 6	7 X 1 = 7	8 X 1 = 8	9 X 1 = 9	
3	2 X 2 = 4	3 X 2 = 6	4 X 2 = 8	5 X 2 = 10	6 X 2 = 12	7 X 2 = 14	8 X 2 = 16	9 X 2 = 18	
4	2 X 3 = 6	3 X 3 = 9	4 X 3 = 12	5 X 3 = 15	6 X 3 = 18	7 X 3 = 21	8 X 3 = 24	9 X 3 = 27	
5	2 X 4 = 8	3 X 4 = 12	4 X 4 = 16	5 X 4 = 20	6 X 4 = 24	7 X 4 = 28	8 X 4 = 32	9 X 4 = 36	
6	2 X 5 = 10	3 X 5 = 15	4 X 5 = 20	5 X 5 = 25	6 X 5 = 30	7 X 5 = 35	8 X 5 = 40	9 X 5 = 45	
7	2 X 6 = 12	3 X 6 = 18	4 X 6 = 24	5 X 6 = 30	6 X 6 = 36	7 X 6 = 42	8 X 6 = 48	9 X 6 = 54	
8	2 X 7 = 14	3 X 7 = 21	4 X 7 = 28	5 X 7 = 35	6 X 7 = 42	7 X 7 = 49	8 X 7 = 56	9 X 7 = 63	
9	2 X 8 = 16	3 X 8 = 24	4 X 8 = 32	5 X 8 = 40	6 X 8 = 48	7 X 8 = 56	8 X 8 = 64	9 X 8 = 72	
10	2 X 9 = 18	3 X 9 = 27	4 X 9 = 36	5 X 9 = 45	6 X 9 = 54	7 X 9 = 63	8 X 9 = 72	9 X 9 = 81	
11									
12									

▲ 완성 예

01 코파일럿이 첫 번째로 생성한 코드 Unit

01 코파일럿으로 VBA 코드를 생성하는 것은 지금까지 엑셀 수식이나 기능에 대한 결과를 도출할 때와 방식이 크게 다르지
않습니다. '구구단 테이블', '현재 워크시트', 'vba 코드'를 키워드로 하여 프롬프트를 작성합니다.

> **프롬프트** 구구단 테이블을 현재 워크시트에 표시하는 vba 코드를 만들어줘.

02 [Enter↵] 키를 누르거나 [제출] 아이콘을 클릭합니다. 결과 아래쪽의 설명을 살펴본 다음 [복사] 아이콘을 클릭합니다.

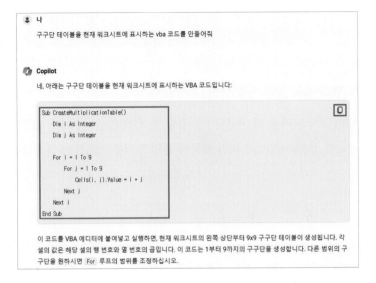

03 워크시트로 갑니다. 시트 탭 오른쪽에 있는 [새 시트] 아이콘([+] 모양)을 클릭하여 새로운 워크시트를 삽입합니다. 반드시 새로운 워크시트를 삽입해야 하는 것은 아닙니다. 다만 구구단 코드를 생성할 때 '현재 워크시트'에 표시하는 코드를 작성하라고 했기 때문에 기존 데이터에 겹쳐 쓰지 않도록 하기 위함입니다.

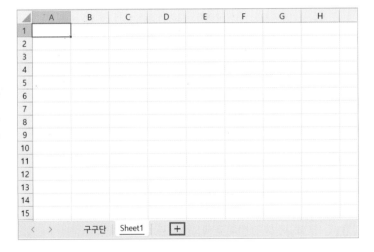

04 [개발 도구] 탭 – [코드] 그룹 – [Visual Basic]을 클릭하거나 [Alt] + [F11] 키를 누르면 Visual Basic Editor가 나타납니다. [삽입] – [모듈] 메뉴를 선택합니다. [Module1]이 삽입되고, 오른쪽에는 흰 배경색의 화면이 표시됩니다. 이곳을 [코드 창]이라고 하고, 여기에 VBA 코드를 작성합니다.

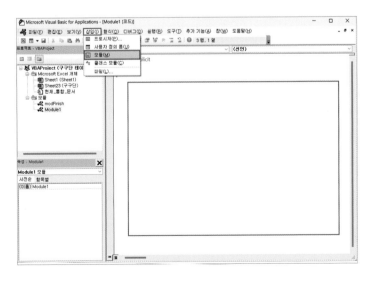

05 Ctrl + V 키를 눌러서 02에서 복사한 코드를 붙여넣기합니다. 코드를 실행시켜 보겠습니다. 작성된 코드 내부에 커서를 둔 상태에서 [표준 도구 모음]에 있는 [Sub/사용자 정의 폼 실행] 아이콘(▶)을 클릭하거나 F5 키를 누릅니다.

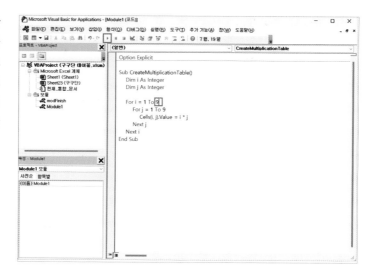

06 현재 워크시트에 구구단이 표시되었는데 결과만 표시되었군요. 이 정도로 만족할 수도 있겠으나 앞의 '완성 예'와 같이 식과 결과가 함께 표시되도록(2 X 1 = 2) 해보겠습니다.

	A	B	C	D	E	F	G	H	I	J
1	1	2	3	4	5	6	7	8	9	
2	2	4	6	8	10	12	14	16	18	
3	3	6	9	12	15	18	21	24	27	
4	4	8	12	16	20	24	28	32	36	
5	5	10	15	20	25	30	35	40	45	
6	6	12	18	24	30	36	42	48	54	
7	7	14	21	28	35	42	49	56	63	
8	8	16	24	32	40	48	56	64	72	
9	9	18	27	36	45	54	63	72	81	
10										
11										

---

02   코파일럿이 두 번째로 생성한 코드   Unit

01 하고자 하는 사항을 프롬프트로 정리합니다. 짧은 문장을 여러 개 사용하되, 각 문장은 Shift + Enter↵ 키로 연결해서 표현하면 편리합니다. 1), 2), 3)과 같은 숫자는 코파일럿에게 사용자의 의도를 명확하게 전달하기 위한 용도로 사용하였습니다.

프롬프트   구구단 테이블을 현재 워크시트에 표시하는 vba 코드를 만들되 다음과 같이 표시되도록 해. Shift + Enter↵

1) A2 셀에는 2 X 1 = 2, A3 셀에는 2 X 2 = 4 이런 식으로 표시한다. Shift + Enter↵

2) B열에는 3단, C열에는 4단을 표시하되, 1)과 같은 형식으로 표시한다. Shift + Enter↵

3) 이런 방식으로 2단부터 9단까지를 표시한다. Enter↵

02 Enter↵ 키를 누르거나 [제출] 아이콘을 클릭하면 코드가 다시 생성됩니다. [복사] 아이콘을 클릭하여 코드를 복사합니다.

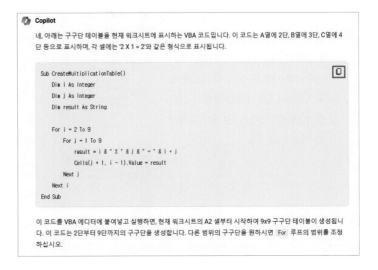

03 워크시트로 갑니다. [새 시트] 아이콘([+])을 클릭하여 새로운 시트를 삽입합니다.

04 Alt + F11 키를 눌러서 Visual Basic Editor를 표시합니다. 새로운 코드는 기존 모듈에 붙여넣어도 되고 새로운 모듈을 이용해도 됩니다. 기존 모듈에 붙여넣을 경우, 같은 이름의 프로시저 이름이 있으면 오류가 발생하므로 주의해야 합니다. 여기서는 새로운 모듈을 삽입하고 Ctrl + V 키를 눌러서 코드를 붙여넣습니다. Module 뒤의 숫자는 엑셀이 알아서 자동으로 붙입니다.

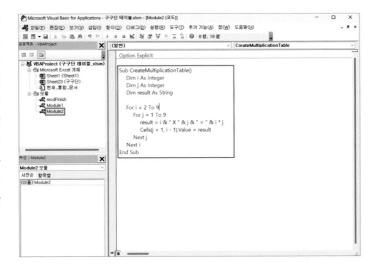

05 코드 내부에 커서를 둔 상태에서 [Sub/사용자 정의 폼 실행] 아이콘(▶) 또는 F5 키를 누릅니다. 이번에는 이미지에서와 같이 원하는 형태의 결과가 제대로 나타났습니다.

지금 단계에서는 코파일럿이 생성한 코드를 이해하려고 노력할 필요는 없습니다. 코파일럿을 이용하여 코드를 생성하고 VBA를 실행하여 결과를 도출하는 프로세스를 잘 이해해두시기 바랍니다.

⚠️ **주의**

매크로가 포함된 엑셀 파일을 저장할 때에는 반드시 [Excel 매크로 사용 통합 문서 (*.xlsm)] 형식으로 저장하세요. 매크로가 포함된 문서를 [Excel 통합 문서 (*.xlsx)]로 저장하면 매크로가 모두 제거된 채 저장됩니다.

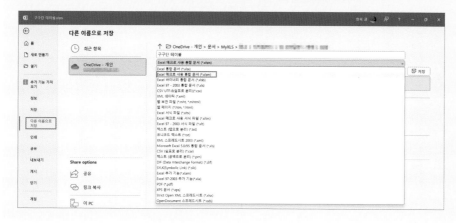

03 빈 행 일괄 삭제하기 SECTION

⊙ **예제 파일**: 예제\04장\빈 행 일괄 삭제.xlsm

예제 파일의 [연습] 시트를 보면 데이터 중간중간에 빈 행이 있습니다. 간격도 불규칙적입니다. 방대한 데이터 중에서 빈 행을 모두 삭제해야 한다면 꽤나 번거로울 수 있습니다(엑셀 기능으로도 가능은 합니다). 코파일럿을 통해 해결할 수 있을까요?

	A NO	B 부서명	C 사번	D 이름	E 직급	F 엑셀	G 워드	H PPT	I
2	613	기획팀	A008501	최한길	사원	43	37	46	
3	134	영업3팀	A004189	박현우	과장	34	38	66	
4									
5	83	기획팀	A005510	최종혁	차장	49	70	72	
6	342	총무팀	A001213	정주희	대리	60	76	69	
7	563	영업지원팀	A009136	박수영	사원	77	75	73	
8									
9									
10	40	영업3팀	A003012	이남중	과장	48	94	68	
11	363	법인영업팀	A003730	권준우	사원	98	69	71	
12	965	인사팀	A008453	김지현	사원	56	39	45	
13									
14									
15	697	영업3팀	A007971	최혜주	차장	46	82	98	
16	249	영업3팀	A009511	김상훈	대리	97	88	93	
17	607	인사팀	A003843	박정필	사원	49	95	55	
18	157	영업1팀	A008788	이용용	대리	50	40	87	
19									
20	137	재무팀	A007574	최인성	차장	75	79	55	

▲ 수정 전

	A NO	B 부서명	C 사번	D 이름	E 직급	F 엑셀	G 워드	H PPT	I
2	613	기획팀	A008501	최한길	사원	43	37	46	
3	134	영업3팀	A004189	박현우	과장	34	38	66	
4	83	기획팀	A005510	최종혁	차장	49	70	72	
5	342	총무팀	A001213	정주희	대리	60	76	69	
6	563	영업지원팀	A009136	박수영	사원	77	75	73	
7	40	영업3팀	A003012	이남중	과장	48	94	68	
8	363	법인영업팀	A003730	권준우	사원	98	69	71	
9	965	인사팀	A008453	김지현	사원	56	39	45	
10	697	영업3팀	A007971	최혜주	차장	46	82	98	
11	249	영업3팀	A009511	김상훈	대리	97	88	93	
12	607	인사팀	A003843	박정필	사원	49	95	55	
13	157	영업1팀	A008788	이용용	대리	50	40	87	
14	137	재무팀	A007574	최인성	차장	75	79	55	
15	26	재무팀	A008269	김상훈	사원	38	41	86	
16	553	영업2팀	A005673	홍미숙	부장	62	35	72	
17	279	홍보팀	A007416	홍남기	차장	55	41	95	
18	78	홍보팀	A006642	권예지	대리	38	48	71	
19	282	인사팀	A001609	이지현	차장	75	34	46	
20	962	인사팀	A008232	홍혜숙	차장	30	49	91	

▲ 수정 후

01 데이터 범위(A:H 열)와 '빈 칸', '행 삭제' 등을 키워드로 하여 프롬프트를 작성합니다.

> **프롬프트** 워크시트 a:h 열에 데이터가 있다. 각 행이 빈 칸이면 행을 삭제하는 vba 코드는?

02 Enter↵ 키를 누르거나 [제출] 아이콘을 클릭합니다. 코드와 함께 주의 사항, 실행 방법 등에 대한 설명이 표시됩니다.

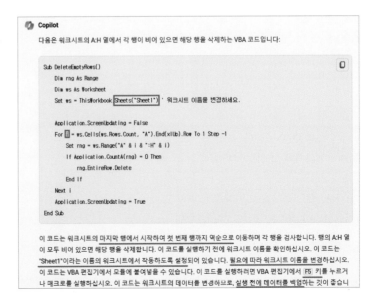

03 코파일럿이 생성한 이 코드는 그대로 사용할 수는 없고 보완이 필요합니다. 코드 설명에도 나와 있듯이 이 코드는 Sheet1을 작업 대상으로 합니다. 따라서 시트 이름을 바꾸거나 코드를 수정해야 합니다. 또한 For ~ Next에서 'i'라는 변수를 사용했는데 변수를 선언하지 않고 사용한 것도 수정이 필요합니다. 이런 사실을 염두에 두고 [복사] 아이콘을 클릭합니다.

04 예제 파일의 [연습] 시트로 가서 Alt + F11 키를 누르면 Visual Basic Editor가 나타나며, 여기에서 [삽입] – [모듈] 메뉴를 선택합니다.

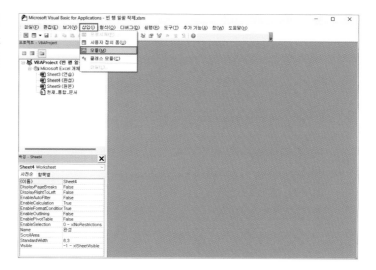

05 [Module1] 오른쪽에 [코드 창]이 표시됩니다. 코드 창으로 가서 Ctrl + V 키를 눌러 03에서 복사한 코드를 붙여넣기합니다.

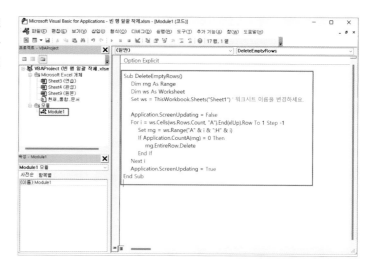

06 코파일럿이 작성한 코드에는 워크시트 이름을 변경하라고 한 부분이 있었습니다. '연습' 시트의 이름을 'Sheet1'로 바꾸거나 해당 코드를 수정합니다.

```
(수정 전) Set ws = ThisWorkbook.Sheets("Sheet1")
(수정 후) Set ws = ThisWorkbook.ActiveSheet
```

07 여기서 'ActiveSheet'는 단어에서도 짐작할 수 있듯이 '활성화된' 즉 화면에 현재 표시되어있는 시트를 말합니다. 코드를 실행시켜 보겠습니다. 코드 내부를 클릭하여 커서를 둡니다. [Sub/사용자 정의 폼 실행] 아이콘(▶)을 클릭하거나 F5 키를 누릅니다.

08 예상한 대로 오류가 발생했습니다. '변수가 정의되지 았았습니다'라는 메시지와 함께 코드 중에서 해당 위치에 커서가 놓여있습니다.

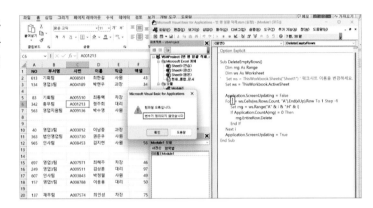

09 이런 경우 대처 방법은 크게 두 가지입니다. ① 코파일럿에게 코드를 다시 작성하라고 하거나 ② 오류의 원인이 단순하다면 코드를 직접 수정하는 것입니다. 여기서는 두 번째 방법을 사용해보도록 하죠. [확인] 버튼을 클릭한 다음 Visual Basic Editor의 [재설정] 아이콘을 클릭하여 매크로 실행을 중지합니다.

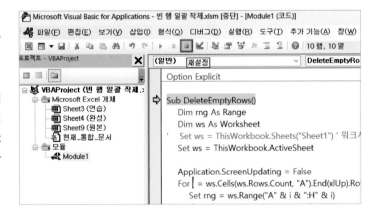

10 코드 창 맨 위에 있는 Option Explicit 앞에 작은 따옴표를 추가합니다. VBA에서 작은 따옴표는 주석 처리를 할 때 사용합니다. 주석 (remark)은 프로그램 실행과는 상관없는 일반 텍스트로 일종의 메모 역할을 합니다.

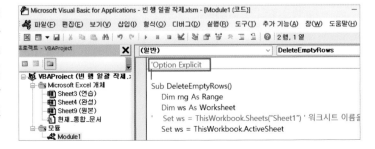

11 프로시저 내부에 커서를 두고 [실행] 아이콘(▶)을 클릭합니다. 시트 내에 있던 모든 빈 행이 한꺼번에 제거됩니다.

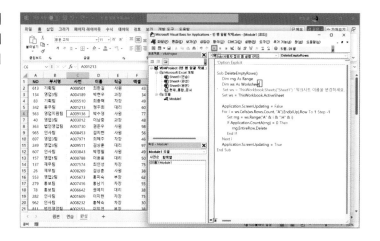

참고 ▶ **'Option Explicit'을 삭제하는 이유는 무엇이며 어떤 역할을 하나요?**

Option Explicit은 모듈 내에서 사용되는 모든 변수에 대해 미리 선언해주지 않으면 오류를 발생시킵니다. 이는 코딩의 명확성을 높여주며, 일종의 검문소(Check Point) 역할을 합니다. 코파일럿이 생성한 코드는 변수 선언을 빼먹는 경우가 가끔 있습니다. Option Explicit 구문을 제거하면 이와 관련된 오류를 방지할 수 있습니다.

모듈을 삽입할 때마다 Option Explicit이 자동으로 삽입되지 않도록 할 수도 있습니다. Visual Basic Editor에서 [도구] – [옵션] 메뉴를 선택하면 [옵션] 대화상자가 나타납니다. [편집기] 탭에서 '변수 선언 요구' 항목 앞의 체크를 제거하고 [확인] 버튼을 클릭합니다.

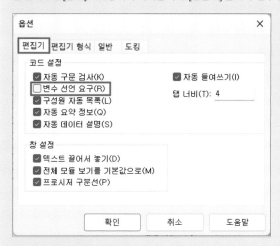

이제부터는 모듈을 새로 삽입해도 Option Explicit 문구가 자동으로 삽입되지 않습니다. VBA 코딩 경험이 쌓이면 Option Explicit 구문을 사용하는 것을 추천합니다.

04 입력된 숫자만큼 행 자동으로 삽입하기   SECTION

⊙ **예제 파일**: 예제\04장\숫자만큼 행 삽입.xlsm

행정구역별 인구수 자료가 있습니다. 각 구별로 배정수량에 있는 숫자만큼 빈 행을 자동으로 삽입하려고 합니다. 엑셀 기능으로는 어려울 것 같고 VBA로 코딩을 하면 가능할 것 같은 생각이 듭니다. 코파일럿에게 상황을 설명하고 해결하도록 해볼까요?

	A	B	C	D	E
1		행정구역	인구수	배정수량	
2		강남구	546,867	5	
3		강동구	463,998	4	
4		강북구	311,569	3	
5		강서구	587,553	5	
6		관악구	507,132	5	
7		광진구	355,306	3	
8		구로구	426,586	4	
9		금천구	232,425	2	
10		노원구	552,976	5	
11		도봉구	329,873	3	
12		동대문구	348,904	3	
13		동작구	396,217	4	
14		마포구	381,858	3	
15		서대문구	312,264	3	
16		서초구	432,528	4	
17		성동구	302,695	3	
18		성북구	442,148	4	
19		송파구	673,926	6	

▲ 수정 전

	A	B	C	D	E
1		행정구역	인구수	배정수량	
2		강남구	546,867	5	
3					
4					
5					
6					
7					
8		강동구	463,998	4	
9					
10					
11					
12					
13		강북구	311,569	3	
14					
15					
16					
17		강서구	587,553	5	
18					
19					

▲ 수정 후

01 프롬프트를 작성합니다. 숫자가 들어있는 영역(D2:D26)과 '빈 행 삽입'을 키워드로 문장을 구성합니다.

> **프롬프트** d2:d26 셀에 숫자가 들어있다. 각 셀에 입력되어있는 숫자만큼 빈 행을 삽입하는 vba 코드는?

02 [Enter↵] 키를 누르거나 [제출] 아이콘을 클릭합니다. 코드와 함께 참고 사항이 표시됩니다. 코드를 잘 모르더라도 참고 사항이나 주석을 잘 읽어보면 코드를 어떻게 사용하고, 주의할 점은 무엇인지에 대한 단서를 얻을 수 있습니다. '아래에서부터 위로 셀을 검사'하며, 시트 이름(Sheet1)을 변경하라고 합니다. 설명에는 없지만 For ~ Next에서 사용한 변수 i에 대해 이번에도 선언하지 않고 사용했군요. 코드는 Visual Basic Editor에서 수정하면 되므로 일단 [복사] 아이콘을 클릭합니다.

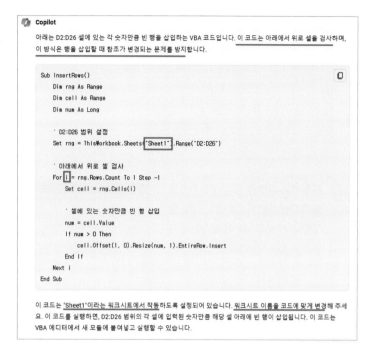

03 예제 파일의 [연습] 시트로 가서 [Alt] + [F11] 키를 누릅니다. Visual Basic Editor에서 [삽입] − [모듈] 메뉴를 선택하여 모듈을 삽입합니다.

04 [Ctrl] + [V] 키를 눌러 코드를 붙여넣기합니다. 코파일럿이 작성한 코드 중 2군데를 수정했습니다. Option Explicit 앞에 작은 따옴표를 추가하여 주석 처리하였고(변수 i 때문), Sheet1을 ActiveSheet로 고쳤습니다(Scetion 03 예제에서 했던 것과 동일합니다).

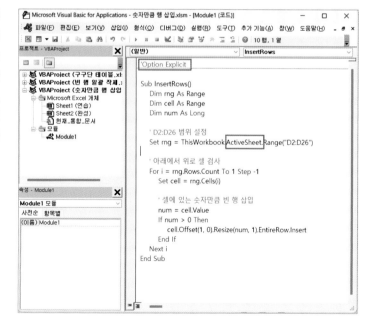

> **참고** VBA에서는 파일이나 시트 이름을 별도로 지정하지 않으면 현재 워크북(ThisWorkbkook)의, 현재 열려있는 워크시트(ActiveSheet)를 작업 대상으로 합니다. 따라서 'Set rng = ThisWorkbook.ActiveSheet.Range("D2:D26")' 이 부분은 다음과 같이 해도 됩니다.

```
Set rng = Range("D2:D26")
```

05 프로시저 내부를 클릭하여 커서를 옮긴 다음, [실행] 아이콘(▶)을 클릭합니다. '배정수량'에 표시된 숫자만큼 빈 행이 자동으로 삽입됩니다.

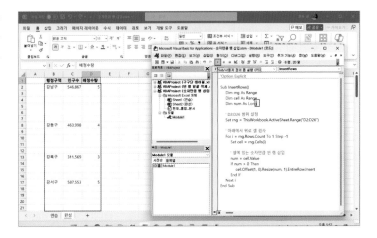

05 서식이 자동 추가되는 집계표 만들기

⊙ **예제 파일**: 예제\04장\데이터 집계표.xlsm

두 개의 표가 있습니다. 왼쪽 표는 '원시 데이터' 혹은 '로우 데이터(Raw data)'라고 부르는 원본 데이터입니다. 이것을 이용하여 오른쪽에 있는 표와 같은 집계표를 만들고자 합니다. 이런 형태의 집계표는 피벗 테이블 기능을 이용하면 만들 수 있지만 집계표에 서식을 지정하려면 불편합니다. 표를 범위로 변경하고 서식을 일일이 수정해야 합니다.

코파일럿을 이용하여 길고 복잡한 작업을 처리하려는 경우에는 단계를 나누어 접근하는 것이 좋습니다. 집계표를 만드는 과정을 3단계로 나눠서 접근해보겠습니다.

⚠️ **주의**

생성형 AI의 특성으로 인해 같은 프롬프트를 사용해도 결과는 매번 다를 수 있습니다. 원하는 결과가 나오지 않으면 프롬프트를 조금씩 바꿔가면서 반복해보시기 바랍니다. 예제 파일에는 프롬프트와 소스 코드가 100% 수록되어있으므로 이를 활용하는 것도 좋습니다.

	A	B	C	D	E	F	G	H	I	J
1	**품목**	**팀**	**수량**	**금액**						
2	딸기 요거트	남부	53	159,000		**팀명**	**수량**	**금액**		
3	망고 바나나	남부	102	306,000		남부	1,835	5,505,000		
4	바닐라 라떼	남부	220	660,000		동부	1,285	5,761,600		
5	바닐라 크림 브루	남부	244	732,000		북부	1,443	6,807,000		
6	아메리카노	남부	202	606,000		서부	1,503	6,402,400		
7	에스프레소	남부	240	720,000		중부	1,213	4,470,200		
8	유기농 말차 라떼	남부	183	549,000						
9	제주 유기농 녹차	남부	158	474,000						
10	콜드 브루	남부	208	624,000						
11	화이트초콜릿 모카	남부	225	675,000						
12	딸기 요거트	동부	189	907,200						
13	망고 바나나	동부	58	278,400						
14	바닐라 라떼	동부	243	1,166,400						
15	바닐라 크림 브루	동부	70	336,000						
16	아메리카노	동부	217	1,041,600						
17	에스프레소	동부	83	332,000						

---

01 1단계: 집계표 만들기 `Unit`

---

01 위의 집계표 이미지를 참고하여 얻고자 하는 결과물의 형태를 떠올리며 프롬프트를 작성합니다. 작업 순서대로 짧은 문장으로 작성하고, 각 문장 끝에서 [Shift] + [Enter⏎] 키를 누릅니다. 얻으려는 결과물의 형태를 함께 전달하면 원하는 답변을 얻는 데 도움이 됩니다.

> **프롬프트** 워크시트 a열에는 품목, b열에는 팀명, c열에는 수량, d열에는 금액이 들어있다. 작성할 [형식]과 조건이 다음과 같을 때, 조건을 모두 충족하는 vba 코드를 작성해줘. [Shift] + [Enter⏎]
> **[형식]** 팀명 수량 금액 [Shift] + [Enter⏎]
> 　　　　남부 000 000000 [Shift] + [Enter⏎]
> 1) f:h 영역에 데이터가 있으면 내용과 서식을 모두 지운다. [Shift] + [Enter⏎]
> 2) b열에 있는 팀명을 중복되지 않게 추출하여 f3 셀부터 차례로 표시한다. [Shift] + [Enter⏎]
> 3) g3 셀에는 f3셀 팀의 수량합계, h2 셀에는 f2 셀 팀의 금액합계를 표시한다. [Shift] + [Enter⏎]
> 4) f2:h2 셀에는 팀명, 수량, 금액을 표시한다. [Enter⏎]

02 [Enter⏎] 키를 누르거나 [제출] 아이콘을 클릭하면 코드가 생성됩니다. 다른 부분은 그냥 두고 시트 이름만 바꿔주면 되겠군요. [복사] 아이콘을 클릭합니다.

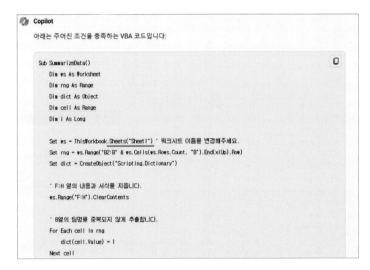

```vba
Sub SummarizeData()
    Dim ws As Worksheet
    Dim rng As Range
    Dim dict As Object
    Dim cell As Range
    Dim i As Long

    Set ws = ThisWorkbook.Sheets("Sheet1") ' 워크시트 이름을 변경해주세요.
    Set rng = ws.Range("B2:B" & ws.Cells(ws.Rows.Count, "B").End(xlUp).Row)
    Set dict = CreateObject("Scripting.Dictionary")

    ' F:H 열의 내용과 서식을 지웁니다.
    ws.Range("F:H").ClearContents

    ' B열의 팀명을 중복되지 않게 추출합니다.
    For Each cell In rng
        dict(cell.Value) = 1
    Next cell
```

03 예제 파일의 [연습] 시트로 가서 [Alt] + [F11] 키를 누릅니다(이렇게 해야 [연습] 시트가 ActiveSheet에 해당되겠죠?). Visual Basic Editor에서 [삽입] – [모듈] 메뉴를 선택하여 모듈을 삽입합니다. 그런데 이번에는 모듈 맨 위에 'Option Explicit'이라는 문구가 보이지 않습니다. 이것은 Visual Basic Editor의 [편집기] 탭에서 [변수 선언 요구] 항목의 체크를 제거했기 때문입니다. 자세한 내용은 129쪽을 참고하세요.

04 [Ctrl] + [V] 키를 눌러 코드를 붙여넣기합니다. 코파일럿이 작성한 코드를 한 군데 수정했습니다. 현재 시트를 작업 대상으로 하기 위해 Sheet1을 ActiveSheet로 고쳤습니다. 전체 코드는 예제 파일에서 확인할 수 있습니다.

```
(수정 전) Set ws = ThisWorkbook.Sheets("Sheet1")
(수정 후) Set ws = ThisWorkbook.ActiveSheet
```

05 프로시저 내부를 클릭하여 커서를 옮긴 다음, [실행] 아이콘(▶)을 클릭합니다.

02 2단계: 서식 지정하기 Unit

01 표에 서식을 지정하기 위한 **프롬프트**를 작성합니다. '인접 영역'이라는 키워드가 중요합니다.

> **프롬프트**
>
> 현재 워크시트 f2 셀의 인접 영역에 대해 다음과 같은 서식을 지정하는 vba 코드는? Shift + Enter↵
> 1) 괘선을 삽입한다. Shift + Enter↵
> 2) 문자열은 가운데, 숫자는 쉼표 서식을 지정한다. Shift + Enter↵
> 3) 영역의 첫 번째 행은 노란 배경색에 굵은 글씨, 가운데 정렬한다. Enter↵

02 Enter↵ 키를 누르거나 [제출] 아이콘을 클릭합니다. 이번에 생성된 코드는 시트명이 언급되지 않았군요. 시트명을 별도로 지정하지 않으면 기본값으로 현재 시트(ActiveSheet)를 대상으로 합니다. [복사] 아이콘을 클릭합니다.

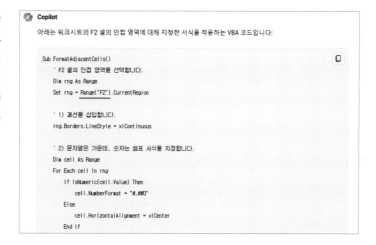

Copilot

아래는 워크시트의 F2 셀의 인접 영역에 대해 지정한 서식을 적용하는 VBA 코드입니다:

```
Sub FormatAdjacentCells()
    ' F2 셀의 인접 영역을 선택합니다.
    Dim rng As Range
    Set rng = Range("F2").CurrentRegion

    ' 1) 괘선을 삽입합니다.
    rng.Borders.LineStyle = xlContinuous

    ' 2) 문자열은 가운데, 숫자는 쉼표 서식을 지정합니다.
    Dim cell As Range
    For Each cell In rng
        If IsNumeric(cell.Value) Then
            cell.NumberFormat = "#,##0"
        Else
            cell.HorizontalAlignment = xlCenter
        End If
```

03 워크시트로 갑니다. Alt + F11 키를 눌러서 Visual Basic Editor를 표시합니다. 기존 코드의 아래쪽으로 가서 Ctrl + V 키를 눌러 코드를 붙여넣습니다. 프로시저 내부를 클릭하여 커서를 둔 다음, [실행] 아이콘(▶)을 클릭합니다. 집계표에 각종 서식이 자동으로 지정됩니다.

---

03 3단계: 여러 프로시저를 실행하는 코드 작성 `Unit`

원시 데이터에 변동 사항이 생겼다면 집계표를 업데이트해야 합니다. 그럴 때마다 각 프로시저 내부를 클릭하고 [실행] 아이콘(▶)을 클릭하는 것은 번거로울 수 있습니다. 뭔가 덜 전문가스럽기도(?) 하고 말이죠. 코파일럿에게 해달라고 할 수도 있지만 이런 정도는 직접 코딩하는 것이 좋겠습니다. 매우 간단하니까요.

01 Visual Basic Editor에서 [삽입] – [모듈] 메뉴를 선택하여 모듈을 삽입합니다(기존 모듈이라도 상관은 없습니다. 같은 이름의 프로시저가 있는지 확인해서 같은 것이 있다면 이름을 바꾸세요).

02 sub라고 입력하고 공백을 한 칸 입력한 다음, 프로시저 이름을 타이핑합니다. 한글로 할 수도 있지만 영문 대소문자를 적절히 조합하여 작성하는 경우가 일반적입니다.

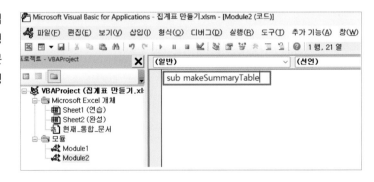

03 이름을 다 입력하고 나서 Enter↵ 키를 누릅니다. 프로시저 이름 뒤에 빈 괄호 한 쌍과 'End Sub'가 자동으로 생깁니다. 코드는 Sub와 End Sub 사이에 작성합니다.

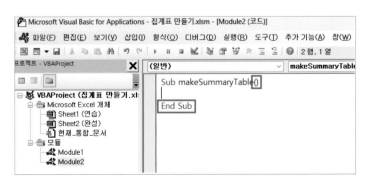

04 1단계와 2단계에서 작성한 프로시저의 이름을 차례로 입력합니다. 줄을 바꿀 때에는 Enter⏎ 키를 사용합니다. 들여쓰기(Indent)는 반드시 해야 하는 것은 아니지만 가독성을 높이기 위해 해주는 것이 좋습니다. Tab 키를 사용합니다.

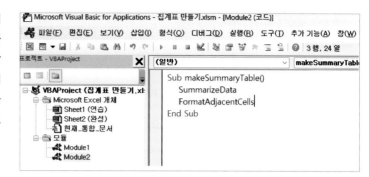

참고 ▶ **프로시저 이름을 정할 때 적용되는 규칙**

1. 이름은 최대 255자까지 가능하며 이름의 첫 글자로 숫자는 사용할 수 없습니다.

2. 이름 내에 공백(Space)은 사용할 수 없습니다. 공백 대신 언더스코어(_)를 이용하여 구분할 수 있습니다(예: Sales_East, total_revenue).

3. 느낌표, 의문 부호, 콤마, 마침표 등과 같은 특수 문자는 사용할 수 없습니다.

4. 매크로 이름은 영문 대소문자를 구분하지 않습니다. 가독성을 높이기 위해 단어의 첫 글자는 대문자로 구분하면 편리합니다(예: TotalSales, makeSummaryTable).

---

05 프로시저 내부를 클릭하여 커서를 둔 다음 [실행] 아이콘(▶)을 클릭하면 두 개의 프로시저가 순차적으로 실행됩니다. 실행할 프로시저가 몇 개든 방법은 동일합니다. 위에서부터 차례대로 실행된다는 것만 기억하세요.

06 셀 값이 같으면 한꺼번에 병합하기 · SECTION

⊙ **예제 파일**: 예제\04장\같은 값 셀 병합.xlsm

품목별 실적 표가 있습니다. 왼쪽 표의 B열에는 '품목'이 불규칙하게 입력되어있습니다. 이것을 오른쪽 표와 같이 오름차순으로 정렬하고, 같은 품목에 대해서는 셀 병합 처리까지 해보겠습니다. 이 정도 수준의 코딩을 하려면 적지 않은 시간과 노력을 투자해야 합니다. 코파일럿의 도움을 받으면 얼마나 쉽게 해결할 수 있는지 확인해보세요.

	A	B	C	D	E	F	G	H	I
1		품목별 실적				품목별 실적			
2									
3		품목	월	실적		품목	월	실적	
4		망고 바나나	동부	1,350			동부	1,028	
5		제주 유기농 녹차	동부	1,473			서부	1,191	
6		바닐라 라떼	서부	1,770		콜드 브루	남부	1,239	
7		유기농 말차 라떼	동부	1,383			북부	1,193	
8		딸기 요거트	북부	1,017			동부	1,771	
9		화이트초콜릿 모카	남부	1,927		바닐라 크림 브루	서부	1,741	
10		바닐라 라떼	북부	1,824			남부	1,695	
11		망고 바나나	북부	1,691			북부	1,366	
12		아메리카노	동부	1,848			동부	1,383	
13		화이트초콜릿 모카	북부	1,770		유기농 말차 라떼	서부	1,516	
14		에스프레소	북부	1,336			남부	1,793	
15		딸기 요거트	남부	1,720			북부	1,316	
16		화이트초콜릿 모카	동부	1,023			동부	1,705	
17		에스프레소	남부	1,752		바닐라 라떼	서부	1,770	
18		유기농 말차 라떼	북부	1,316			남부	1,161	
19		바닐라 라떼	동부	1,705			북부	1,824	
20		아메리카노	북부	1,882			동부	1,848	

01 이런 일을 수작업으로 한다면 어떤 과정으로 처리할 수 있을지 생각을 정리해보면 프롬프트를 작성할 때 도움이 됩니다. 셀 병합을 하기 위해서는 먼저 데이터를 정렬해야 합니다. 그리고 셀 병합을 하려고 하면 "왼쪽 위의 값만 남고 나머지 값은 잃게" 된다는 경고 메시지가 표시됩니다. 이런 사항을 감안하여 프롬프트를 작성합니다.

프롬프트 현재 워크시트의 b4:b43 영역에 데이터가 있다. 다음 조건을 모두 충족하는 vba 코드를 작성해. Shift + Enter↵

1) b4:b43 영역의 데이터를 오름차순으로 정렬한다. Shift + Enter↵
2) 셀 내용이 같으면 병합한다. Shift + Enter↵
3) 셀 병합 시 나타나는 경고 메시지는 표시하지 않도록 한다. Enter↵

02 Enter↵ 키를 누르거나 [제출] 아이콘을 클릭합니다. 프롬프트에서 '현재 워크시트'라고 명시했지만 이번에도 Sheet1을 대상으로 하는 코드가 작성되었군요. 코드에서 수정하면 되므로 [복사] 아이콘을 클릭하여 코드를 복사합니다.

03 예제 파일의 [연습] 시트로 가서 Alt + F11 키를 누릅니다. Visual Basic Editor에서 [삽입] – [모듈] 메뉴를 선택하여 모듈을 삽입합니다.

04 Ctrl + V 키를 눌러 코드를 붙여넣기합니다. 코파일럿이 작성한 코드를 한 군데 수정했습니다('Sheet1'을 'ActiveSheet'로 수정). 참고로, ThisWorkbook을 생략해도 됩니다.

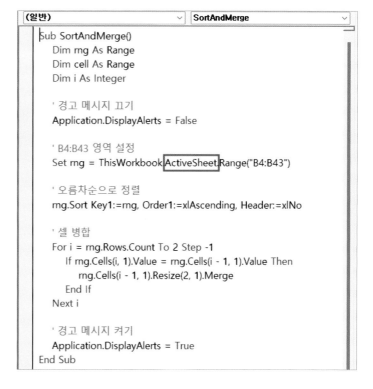

(수정 전) Set rng = ThisWorkbook.Sheets("Sheet1").Range("B4:B43")

(수정 후) Set rng = ThisWorkbook.ActiveSheet.Range("B4:B43")

05 프로시저 내부를 클릭하여 커서를 옮긴 다음, [실행] 아이콘( )을 클릭합니다. '품목'이 오름차순으로 정렬되면서 같은 값을 가진 셀들은 자동으로 병합 처리됩니다.

TIP 책에서 소개한 내용을 비롯한 다양한 팁을 알 수 있는 포스트입니다. 코파일럿의 도움 없이 직접 코딩한다면 얼마나 많은 노력이 필요할지 알 수 있습니다.

▶ http://www.iexceller.com/MyXls/VBA/VBA_06/mergeCellAndSubTotal.asp

07 엑셀에 없는 기능 구현하기 – 데이터 스와핑　SECTION

◉ **예제 파일**: 예제\04장\데이터 스와핑.xlsm

엑셀에는 '이런 걸 엑셀로 할 수 있을까?' 싶은데 정말로 있는 기능이나 함수가 있습니다. 반면, 분명 있을 것 같은데 없는 기능도 있습니다. 이번 예제에서 살펴볼 '데이터 스와핑(Swapping)' 기능이 그런 경우입니다. 이번 예제를 만들어보고 나면 '코파일럿의 한계는 상상력과 정리력(질문력)의 한계구나'라는 사실을 느끼게 됩니다.

예제 파일 [완성] 시트의 B열에는 이름, D열에는 코드 정보가 있습니다. [자료 위치 바꾸기] 버튼을 클릭할 때마다 B열과 D열의 데이터가 서로 위치를 바꿉니다. 작업 과정을 두 단계로 나눠서 진행합니다.

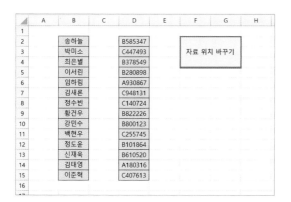 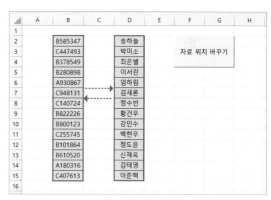

01　1단계: 기본 코드 작성하기　Unit

01　상황을 코파일럿에게 설명합니다. 범위에 대한 정보와 함께 '두 영역의 위치를 서로 바꾸는' 코드를 만들어달라는 프롬프트를 작성합니다.

> **프롬프트**　b2:b15와 d2:d15 영역에 데이터가 있다. 두 영역의 위치를 서로 바꾸는 vba 코드를 작성해줘.

02 Enter↵ 키를 누르거나 [제출] 아이콘을 클릭합니다. 셀 범위 앞에 시트명이 별도로 없으므로 현재 워크시트(ActiveSheet)를 대상으로 작동함을 알 수 있습니다. "두 영역이 동일한 크기와 모양"이라야 제대로 작동된다고 하는군요. [복사] 아이콘을 클릭합니다.

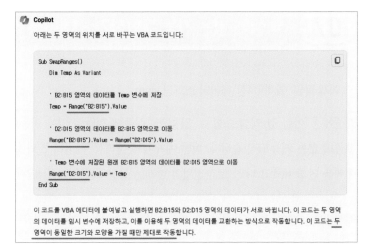

03 예제 파일의 [연습] 시트로 가서 Alt + F11 키를 누릅니다. Visual Basic Editor에서 [삽입] – [모듈] 메뉴를 선택하여 모듈을 삽입합니다.

04 Ctrl + V 키를 눌러 코드를 붙여넣기합니다. 프로시저 내부를 클릭하여 커서를 옮긴 다음, [실행] 아이콘(▶)을 클릭합니다. [실행] 아이콘(▶)을 클릭할 때마다 두 데이터가 서로 위치를 바꿉니다.

---

02 **2단계 : 버튼을 삽입하고 코드 연결하기** `Unit`

만약 데이터 스와핑 기능을 자주 사용한다면 버튼을 만들어서 코드를 연결하면 더욱 편리하게 작업할 수 있습니다. 그렇지 않다 하더라도 워크시트에 버튼을 삽입하고 코드를 연결하여 실행하는 방법을 알아두면 다른 작업에서 적용할 수 있습니다.

01 버튼을 삽입할 위치와 필요한 몇 가지 정보를 코파일럿에게 전달합니다. 이때 해당 위치에 버튼이 이미 있다면 지워야겠죠? 버튼에 삽입할 코드 이름(.SwapRanges)은 '1단계'에서 코파일럿이 작성한 코드의 이름으로 지정합니다.

> **프롬프트** 다음 조건을 모두 충족하는 vba 코드를 작성해줘. Shift + Enter↵
> 1) 현재 워크시트 F2:G4 셀 크기에 맞게 버튼을 삽입한다. Shift + Enter↵
> 2) 기존에 만들어진 것이 있으면 지운다. Shift + Enter↵
> 3) 버튼에 'SwapRanges' 코드를 연결한다. Shift + Enter↵
> 4) 버튼의 캡션은 '자료 위치 바꾸기'로 지정한다. Enter↵

02 Enter↵ 키를 누르거나 [제출] 아이콘을 클릭합니다. 이번 코드에서는 ActiveSheet가 명시적으로 사용되었습니다. [복사] 아이콘을 클릭합니다.

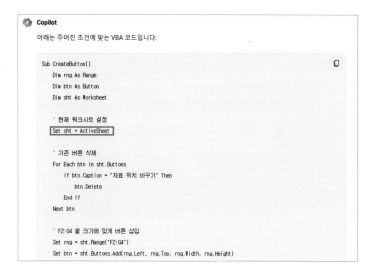

Copilot

아래는 주어진 조건에 맞는 VBA 코드입니다:

```
Sub CreateButton()
    Dim rng As Range
    Dim btn As Button
    Dim sht As Worksheet

    ' 현재 워크시트 설정
    Set sht = ActiveSheet

    ' 기존 버튼 삭제
    For Each btn In sht.Buttons
        If btn.Caption = "자료 위치 바꾸기" Then
            btn.Delete
        End If
    Next btn

    ' F2:G4 셀 크기에 맞게 버튼 삽입
    Set rng = sht.Range("F2:G4")
    Set btn = sht.Buttons.Add(rng.Left, rng.Top, rng.Width, rng.Height)
```

03 예제 파일의 [연습] 시트로 가서 Alt + F11 키를 누릅니다. 새로운 모듈을 삽입해도 되지만 이번에는 기존 모듈을 이용합니다. 코드 아래쪽으로 가서 Ctrl + V 키를 눌러 코드를 붙여넣습니다. 기존 모듈을 사용할 때에는 같은 이름의 프로시저가 있는지 항상 확인하고 같은 것이 있으면 이름을 변경하세요.

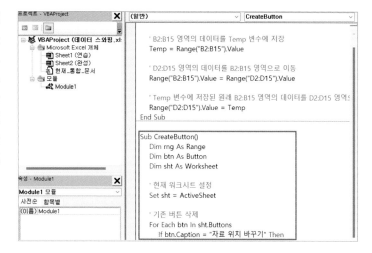

04 프로시저 내부를 클릭하여 커서를 옮긴 다음, [실행] 아이콘(▶)을 클릭합니다. 워크시트의 F2:G4 영역에 버튼이 삽입됩니다.

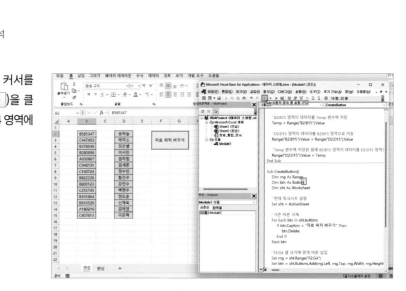

05 이제는 [자료 위치 바꾸기] 버튼을 클릭하기만 하면 두 열의 데이터가 위치를 서로 맞바꿉니다.

08 위클리 실적 자동 요약하기   SECTION

◉ **예제 파일**: 예제\04장\위클리 실적 요약.xlsm

'팀별/요일별 실적' 데이터가 있습니다. B3:I14 영역에 들어있는 실적 데이터를 이용하여 '주간 실적 요약' 테이블을 만들고자 합니다. 이런 작업을 지금까지 수작업으로 해왔다면 이제는 자동화에 도전해보세요. 코파일럿이 생성한 코드에서 오류가 발생할 경우 어떻게 대처하는지에 대해서도 아이디어를 얻을 수 있습니다.

	팀	Mon	Tue	Wed	Thr	Fri	Sat	합계
	동부	2,160	2,930	4,800	1,770	2,980	2,000	16,640
	서부	4,560	3,910	2,890	5,080	4,230	3,010	23,680
	남부	1,560	1,790	2,030	3,130	4,530	4,200	17,240
	북부	3,990	3,090	2,100	3,160	1,800	4,530	18,670
	중부	4,570	5,290	5,040	5,490	4,550	3,450	28,390
	부산	2,920	2,830	4,670	4,510	3,990	4,860	23,780
	대구	4,570	3,440	4,400	3,770	3,130	2,550	21,860
	대전	5,340	3,530	3,860	4,660	1,650	2,680	21,720
	광주	2,600	4,940	4,460	2,320	4,490	1,710	20,520
	제주	5,250	4,140	2,550	4,500	2,780	3,350	22,570
	합계	37,520	35,890	36,800	38,390	34,130	32,340	215,070

제목: **팀별/요일별 실적**

주간 실적 요약

주간 실적 합계	215,070
주간 실적 평균	35,845
최고 실적 요일	Thr
최고 실적 팀	중부

01   1단계: 기본 코드 작성하기   Unit

01 수작업으로 할 때의 순서를 떠올려보고 프롬프트로 정리합니다. 이 프롬프트에서는 C14:H14 영역을 매번 작성하지 않고 "영역"이라는 단어로 한 번만 표기하고 활용한 점을 눈여겨보세요. 마치 엑셀의 LET 함수나 VBA에서 변수를 사용하는 것과도 비슷합니다.

> **프롬프트** 현재 워크시트 c14:h14 영역(앞으로는 "영역"이라고 표기한다)에 대해 다음 조건을 충족하는 vba 코드를 작성해줘. [Shift] + [Enter↵]
> 1) "영역"의 합계를 구해서 L11 셀에 표시한다. [Shift] + [Enter↵]
> 2) "영역"의 평균을 구해서 L12 셀에 표시한다. [Shift] + [Enter↵]
> 3) "영역"의 최대값 셀로부터 11행 위에 있는 셀 값을 L13 셀에 표시한다. [Shift] + [Enter↵]
> 4) i4:h13 영역의 최대값 셀로부터 7열 왼쪽에 있는 셀 값을 L14 셀에 표시한다. [Enter↵]

02 Enter↵ 키를 누르거나 [제출] 아이콘
을 클릭합니다. 'Sheet1'을 대상으
로 하는 코드가 생성되었습니다. [복
사] 아이콘을 클릭하여 코드를 복사
합니다.

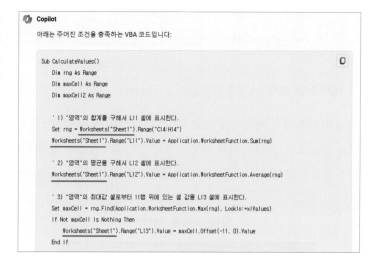

03 예제 파일의 [연습] 시트로 가서 Alt
+ F11 키를 누릅니다. Visual Basic
Editor에서 [삽입] - [모듈] 메뉴를
선택하여 모듈을 삽입한 다음, Ctrl
+ V 키를 눌러 코드를 붙여넣기합
니다.

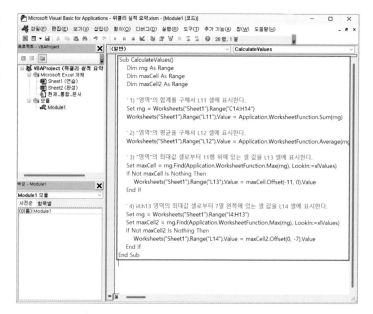

04 이 코드를 그대로 사용할 수는 없습니다. Sheet1을 작업 대상으로 하고 있기 때문입니다. 여러 가지 방법으로 처
리할 수 있겠으나 간단하게 해결해보죠. 시트 이름을 명시하지 않으면 현재 시트를 대상으로 한다고 했으니
'Worksheets("Sheet1").'을 제거하겠습니다. 한두 개 정도라면 직접 수정해도 되겠으나 지금은 고쳐야 할 부분이 많으
므로 한꺼번에 처리합니다.

05 코드 중에서 "Worksheets ("Sheet1")." 부분을 범위로 지정하고 Ctrl + C 키를 누릅니다. 마침표까지 포함한 점에 유의하세요.

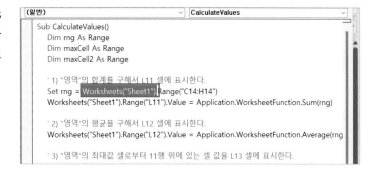

06 Ctrl + H 키를 누르면 [바꾸기] 대화상자가 나타납니다. [찾을 내용]에는 05에서 복사한 부분이 표시됩니다. [현재 프로시저] 옵션을 선택하고 [모두 바꾸기] 버튼을 클릭합니다.

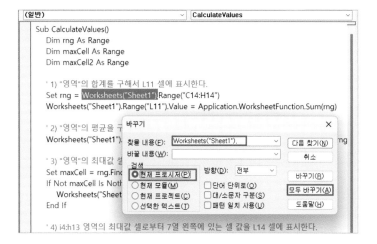

07 현재 프로시저 내에 있는 모든 'Worksheets("Sheet1").'이 제거되었습니다. [확인] 버튼을 클릭합니다.

08 프로시저 내부를 클릭하여 커서를 옮긴 다음, [실행] 아이콘(▶)을 클릭합니다. 오류 메시지가 표시되지는 않았지만 '최고 실적 요일'과 '최고 실적 팀'은 결과가 표시되지 않습니다.

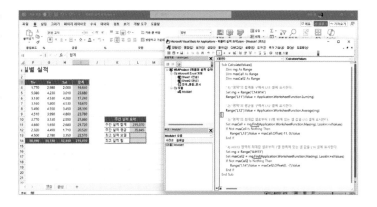

09 이것은 코파일럿이 작성한 코드 중에서 Find라는 메서드 때문에 발생합니다. Find는 기본적으로 문자열을 대상으로 검색을 합니다. 쉽게 말해서 1,234와 1234를 다르게 취급하기 때문에 원하는 결과를 얻을 수 없는 겁니다. 오류를 수정해보겠습니다.

---

02 | 2단계: 디버깅(오류 바로잡기) | `Unit`

---

01 1단계에서 사용한 대화창 아래에 프롬프트를 작성합니다. 오류가 발생하는 부분과 추가 정보를 코파일럿에게 알려주고 재작성할 것을 지시합니다.

> **프롬프트** find에서 오류가 발생한다. 숫자에는 '쉼표 스타일'이 지정되어있음을 감안해서 제대로 작동하도록 수정해.

02 `Enter↵` 키를 누르거나 또는 [제출] 아이콘을 클릭합니다. 코파일럿은 상황에 따라 다른 해결 방법을 제시할 수 있습니다. 여기서는 숫자 형식을 일시적으로 변경하는 방식을 사용했다고 하는군요. [복사] 아이콘을 클릭합니다.

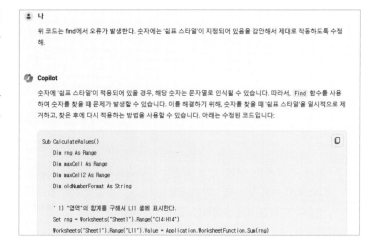

03 Visual Basic Editor로 갑니다. 기존에 입력된 프로시저 아래로 가서 `Ctrl` + `V` 키를 눌러 코드를 붙여넣습니다. 같은 이름을 가진 프로시저가 있으면 오류가 발생하므로 프로시저 이름을 바꿉니다(예: CalculateValues2).

04 1단계 05~06에서 사용한 방법을 참고로 프로시저 내에 있는 'Worksheets("Sheet1")'을 모두 제거합니다.

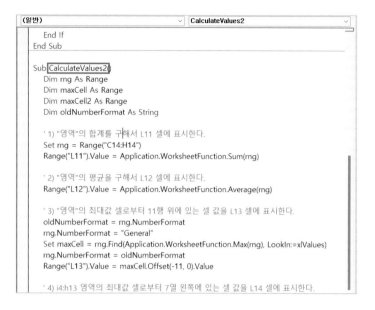

05 프로시저 내부를 클릭하여 커서를 옮긴 다음, [실행] 아이콘(▶)을 클릭합니다. 이번에는 원하는 형태로 결과가 표시됩니다.

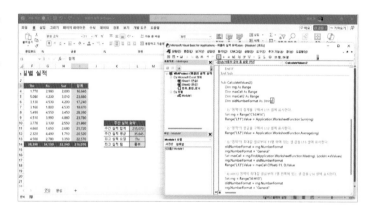

09 여러 시트를 하나로 통합하기 SECTION

⊙ **예제 파일**: 예제\04장\여러 시트 통합하기.xlsm

예제 파일에는 A부터 D까지 4개의 시트가 있고, 각 시트는 제품코드별 수량 정보가 들어있습니다. A 시트에는 A0001부터 시작되는 제품, B 시트에는 B0001로 시작되는 제품이 들어있는 식입니다. 각 시트의 행 수는 모두 다르고, 열 구조는 똑같습니다(A열은 제품코드, B열은 수량).

이것을 다음 중 오른쪽 이미지와 같이 문서 내의 모든 시트에 있는 데이터를 'Combine'이라는 이름의 시트에 모두 통합하는 업무를 받았다면 여러분은 어떻게 하시겠습니까? 시트가 4개뿐이라면 쉽게 할 수 있지만 시트가 많고 데이터 양도 훨씬 많다면, 그리고 이런 일을 수시로 해야 한다면 '칼퇴'(칼퇴근)'는 멀어지겠죠? 여러분의 '칼퇴'를 도와드리겠습니다.

	A	B	C	D	E	F	G
1	제품코드	수량					
2	A0001	8,646					
3	A0002	5,276					
4	A0003	1,027					
5	A0004	2,761					
6	A0005	1,565					
7	A0006	5,149					
8	A0007	2,294					
9	A0008	8,546					
10	A0009	3,085					
11	A0010	102					
12	A0011	1,827					
13	A0012	5,408					
14	A0013	8,448					
15	A0014	4,094					
16	A0015	378					

⟨ ⟩ 　A　 B　 C　 D　 ＋

	A	B	C	D	E	F	G
94	D0015	4,187					
95	D0016	8,459					
96	D0017	3,716					
97	D0018	2,556					
98	D0019	2,409					
99	D0020	8,450					
100	D0021	3,229					
101	D0022	9,070					
102	D0023	4,508					
103	D0024	8,079					
104	D0025	5,625					
105	D0026	1,555					
106							
107							
108							
109							

⟨ ⟩ 　Combine　 A　 B　 C　 D　 ＋

01 옆에 있는 인턴 사원에게 작업 과정과 순서를 하나하나 알려준다고 생각하고 프롬프트를 정리합니다.

> **프롬프트**　현재 엑셀 파일에 4개의 시트가 있고(시트명은 각각 A, B, C, D다), 각 시트의 A, B열에 데이터가 들어있다. 다음 조건을 충족하는 vba 코드를 작성해줘. [Shift] + [Enter↵]
> 1) 만약 'Combine'이라는 이름의 시트가 있으면 시트를 삭제하고 다시 만든다. [Shift] + [Enter↵]
> 2) 각 시트 내용을 하나로 합쳐서 'Combine' 시트에 표시한다. [Shift] + [Enter↵]
> 3) A 시트의 작업이 끝나면 그다음 시트는 이전 결과 아래쪽에 이어서 표시한다. [Shift] + [Enter↵]
> 4) 'Combine' 시트의 열 제목은 A 시트의 열 제목으로 한다. [Shift] + [Enter↵]
> 5) 작업이 모두 끝나면 'Combine' 시트의 A1 셀로 이동한다. [Enter↵]

02 `Enter↵` 키를 누르거나 [제출] 아이콘
을 클릭합니다. 각각의 시트 내용을
'Combine' 시트로 합치는 코드가
생성되었습니다. [복사] 아이콘을 클
릭합니다.

03 예제 파일로 가서 `Alt` + `F11` 키를 누
릅니다. Visual Basic Editor에서
[삽입] – [모듈] 메뉴를 선택하여 모
듈을 삽입한 다음, `Ctrl` + `V` 키를 눌
러 코드를 붙여넣기합니다.

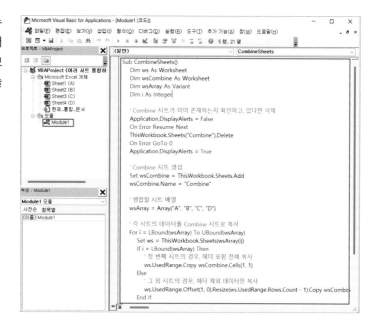

04 프로시저 내부를 클릭하여 커서를
옮긴 다음, [실행] 아이콘(▶)을 클
릭합니다.

'Combine' 시트가 있는 상태에서 코드를 실행해도 되며, 시트 수나, 데이터 량이 더 많아도 자동으로 처리합니다. 다만, 열 구조는 예제 파일과 같은 형태여야 제대로 된 결과를 얻을 수 있습니다(A열은 제품코드, B열은 수량).

  책에서 소개한 내용을 비롯한 다양한 팁을 알 수 있는 영상입니다.

https://youtu.be/7X3Q_vofiH4?si=LAzfTPb6S0epPy_c

MEMO

코파일럿으로
워드 업무 자동화

VBA는 엑셀에만 있는 것이 아닙니다. 워드에서도 VBA를 사용할 수 있습니다. Visual Basic Editor를 비롯하여 코드를 실행하는 방법은 VBA가 장착된 오피스 앱에 공통된 사항입니다.

Chapter 05에서는 코파일럿을 이용하여 각종 설문지와 계약서를 만든 다음, 워드 VBA를 사용하여 몇 가지 업무를 자동화하는 방법에 대해 소개합니다. 계약서의 표 서식을 한꺼번에 조정하고 문서 내의 모든 제목을 원하는 형태로 바꾸는 VBA 코드를 만들어봅니다. 진행되는 순서가 중요하므로 가급적이면 예제 순서대로 살펴보세요.

코딩에서 중요한 것은 공통되는 규칙이나 패턴을 찾아내는 것입니다. 그 나머지 복잡한 코딩 작업은 코파일럿에게 맡기세요.

01 교육만족도 설문지 만들기

◉ **예제 파일:** 예제\05장\교육만족도 설문지.docx

코파일럿은 다양한 용도로 사용할 수 있습니다. 대형 언어 모델(LLM: Large Language Model)의 하나인 만큼, 문장을 만들거나 긴 문장을 요약하는 데에는 일가견이 있습니다. 코파일럿을 이용하면 짧은 시간 안에 효과적으로 각종 설문지를 만들 수도 있습니다. 어느 조직의 교육만족도 설문서를 만들어보겠습니다.

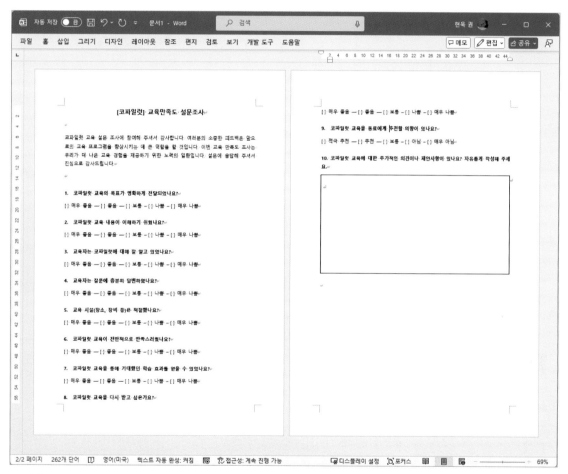

▲ 완성 예

01 프롬프트를 작성합니다. 일단 간단하게 명령문을 작성해보죠.

> 프롬프트   교육만족도 파악을 위한 설문서를 만들어줘.

02　별다른 정보를 주지 않았음에도 불구하고 기본적인 설문 문항이 만들어졌습니다.

> 🟦 **Copilot**
>
> 네, 교육 만족도를 파악하기 위한 설문지를 만드는 것은 중요한 작업입니다. 다음은 기본적인 질문들을 포함한 설문지 예시입니다:
>
> 1. 교육의 목표가 명확하게 전달되었나요?
>   - 매우 동의함
>   - 동의함
>   - 중립
>   - 동의하지 않음
>   - 전혀 동의하지 않음
> 2. 교육 내용이 이해하기 쉬웠나요?
>   - 매우 동의함
>   - 동의함
>   - 중립

7개 문항으로 된 설문서가 작성되었습니다만 아무래도 모호한 질문은 모호한 답변으로 이어지는 경향이 있습니다.

> 6. 교육이 전반적으로 만족스러웠나요?
>   - 매우 동의함
>   - 동의함
>   - 중립
>   - 동의하지 않음
>   - 전혀 동의하지 않음
> 7. 교육에 대한 추가적인 의견이나 제안사항이 있나요?
>
> 이 설문지는 기본적인 틀이며, 교육의 세부적인 내용에 따라 추가적인 질문을 더하거나 수정할 수 있습니다. 이 설문지를 사용하여 교육의 효과를 측정하고 개선할 수 있습니다. 이 설문지를 참고로 하여 교육 만족도를 파악하는데 도움이 되길 바랍니다.

03　프롬프트를 다음과 같이 보완합니다. 문장을 좀 더 구조화했습니다. 핵심 단어에 구분자를 추가하고, 원하는 결과물의 형태를 제시하는 것은 좋은 방법입니다.

> **프롬프트**　이번에 사내 임직원 대상으로 코파일럿 교육을 진행하였다. 다음 조건을 충족하는 '코파일럿 교육만족도 설문서'를 작성해줘. [Shift] + [Enter↵]
> 1) 설문 문항은 10개로 한다. [Shift] + [Enter↵]
> 2) '보기'는 5점 척도로 한다(매우 좋음, 좋음, 보통, 나쁨, 매우 나쁨). [Shift] + [Enter↵]
> 3) '보기'는 다음과 같은 형식으로 작성한다. [Shift] + [Enter↵]
> (형식) [ ] 매우 좋음 --- [ ] 좋음 --- [ ] 보통 -- [ ] 나쁨 -- [ ] 매우 나쁨 [Enter↵]

04 Enter↵ 키를 누르거나 [제출] 아이콘을 클릭합니다. 원하는 형태의 문항이 생성되었습니다. [복사] 아이콘을 클릭합니다.

> ⚡ **Copilot**
>
> 네, 요청하신 조건에 맞는 '코파일럿 교육 만족도 설문서'를 작성해보겠습니다.
>
> 1. 코파일럿 교육의 목표가 명확하게 전달되었나요?
>   - [ ] 매우 좋음 – [ ] 좋음 – [ ] 보통 – [ ] 나쁨 – [ ] 매우 나쁨
>
> 2. 코파일럿 교육 내용이 이해하기 쉬웠나요?
>   - [ ] 매우 좋음 – [ ] 좋음 – [ ] 보통 – [ ] 나쁨 – [ ] 매우 나쁨
>
> 3. 교육자는 코파일럿에 대해 잘 알고 있었나요?
>   - [ ] 매우 좋음 – [ ] 좋음 – [ ] 보통 – [ ] 나쁨 – [ ] 매우 나쁨
>
> 4. 교육자는 질문에 충분히 답변하였나요?
>   - [ ] 매우 좋음 – [ ] 좋음 – [ ] 보통 – [ ] 나쁨 – [ ] 매우 나쁨
>
> 5. 교육 시설(장소, 장비 등)은 적절했나요?
>   - [ ] 매우 좋음 – [ ] 좋음 – [ ] 보통 – [ ] 나쁨 – [ ] 매우 나쁨
>
> 6. 코파일럿 교육이 전반적으로 만족스러웠나요?
>   - [ ] 매우 좋음 – [ ] 좋음 – [ ] 보통 – [ ] 나쁨 – [ ] 매우 나쁨
>
> 7. 코파일럿 교육을 통해 기대했던 학습 효과를 얻을 수 있었나요?

05 워드(메모장도 가능)를 열고 Ctrl + V 키를 눌러서 04에서 복사한 내용을 붙여넣기합니다. 설문 내용을 조정하여 완성합니다(앞의 '완성 예' 참고).

02   용역 계약서 만들기   SECTION

⊙ **예제 파일**: 예제\05장\강의 용역 계약서.docx

계약서가 필요해서 인터넷을 검색해보면, 마음에 드는 것이 없거나 괜찮아 보이는 것은 유료인 경우가 많습니다. 코파일럿으로 자신의 관점이 반영된 강의 용역 계약서를 만들어보겠습니다.

01   어떤 항목들이 들어가면 되는지 파악하기 위해 프롬프트를 작성합니다.

> **프롬프트**   강의 용역 계약서를 작성하려고 한다. 어떤 항목들이 들어가야 하는 지 알려줘.

02   코파일럿 답변과 참고 자료를 확인하면 계약서에 어떤 내용들이 들어가면 되는지 윤곽을 파악할 수 있습니다.

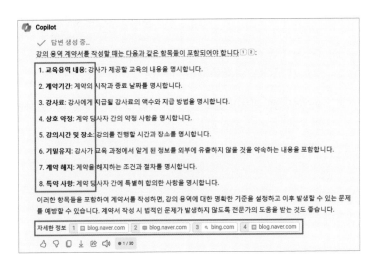

03   코파일럿이 알려준 답변을 보완하기 위해 프롬프트를 작성합니다(같은 대화창 사용).

> **프롬프트**   위 항목에 다음 항목들을 추가하여 "강의 용역 계약서"를 작성해줘. 일반적으로 통용되는 계약서 형태를 바탕으로 최대한 자세하게 작성해. [Shift] + [Enter↵]
> - 목적 [Shift] + [Enter↵]
> - 계약금액 [Shift] + [Enter↵]
> - 대금 지급 [Shift] + [Enter↵]
> - 상호 협조 의무 [Shift] + [Enter↵]
> - 지적재산권 [Shift] + [Enter↵]
> - 재판 관할 [Enter↵]

04 Enter⏎ 키를 누르거나 [제출] 아이콘을 클릭합니다. 핵심적인 내용을 중심으로 표준 계약서가 만들어졌습니다. 필요한 항목이나 내용을 보완하여 계약서 내용을 완성합니다. [복사] 아이콘을 클릭합니다.

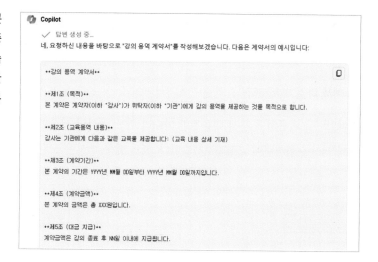

05 워드에서 Ctrl + V 키를 눌러 내용을 붙여넣기합니다. 계약서 내용을 완성합니다. 계약서 서식은 뒤에서 일괄 지정할 것이므로 여기서는 텍스트 중심으로 작성합니다. 자세한 계약서 내용은 예제 파일을 참고하세요.

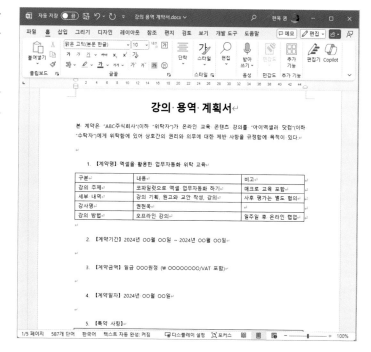

03 계약서 표 서식 한꺼번에 조정하기 SECTION

◉ **예제 파일**: 예제\05장\강의 용역 계약서(연습).docx, 강의 용역 계약서(완성).docm

코파일럿을 이용하면 문서 내용뿐만 아니라 워드 문서의 서식도 바꿀 수 있습니다. 예제 파일 내에 있는 모든 표의 서식을 한꺼번에 조정해보겠습니다. 표의 제목 부분을 노란 배경색에 굵은 글씨로 일괄 조정합니다.

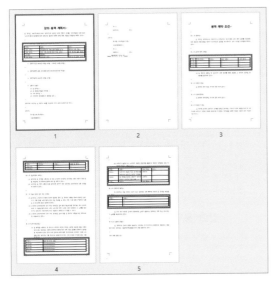

▲ 수정 전

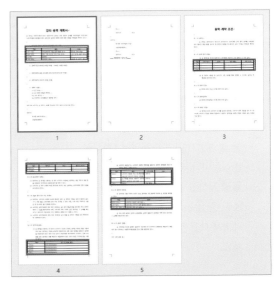

▲ 수정 후

01 하고자 하는 내용을 프롬프트로 작성합니다. 워드에서 VBA를 작성하는 요령은 엑셀에서의 그것과 크게 다르지 않습니다. '워드'라는 키워드만 추가하면 됩니다.

> **프롬프트** 워드에 있는 모든 표의 첫 행을 노란 배경색, 굵은 글씨, 글자를 가운데 정렬하는 vba 코드는?

02 [Enter↵] 키를 누르거나 또는 [제출] 아이콘을 클릭합니다. 코드가 생성 되면 [복사] 아이콘을 클릭하여 복사 합니다.

03 워드로 가서 [Alt] + [F11] 키를 누릅니 다. 엑셀에서와 마찬가지로 워드의 Visual Basic Editor가 나타납니다 (엑셀과 거의 비슷하게 생겼습니다). [삽입] – [모듈] 메뉴를 클릭합니다.

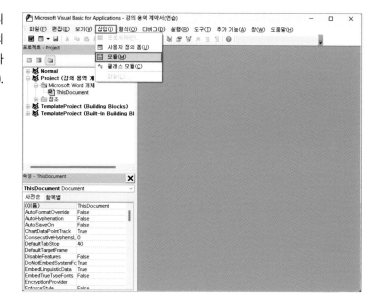

참고 VBA는 엑셀에만 있는 것이 아니라 워드나 파워포인트, 액세스와 같은 다른 오피스 프로그램에도 있습니다. [Alt] + [F11] 키 를 누르면 Visual Basic Editor가 나타나는 것도 동일합니다. 심지어 어느 한 앱에서 [변수 선언 요구]를 하지 않기로 한 경우, 다른 앱 에서도 영향을 받습니다. [변수 선언 요구]와 관련해서는 129쪽을 참고하세요.

04 [Module1]이 삽입됩니다(번호는 워드가 알아서 자동으로 붙입니다). Ctrl + V 키를 눌러 내용을 붙여넣기합니다. 엑셀에서 [변수 선언 요구] 항목을 비활성화하였다면 워드도 영향을 받아서 모듈 맨 처음에 'Option Explicit'이라는 문구가 삽입되지 않습니다.

05 프로시저 내부를 클릭하여 커서를 옮긴 다음, [실행] 아이콘(▶)을 클릭합니다. 현재 문서(워드) 내에 있는 모든 표의 제목 서식이 한꺼번에 변경됩니다.

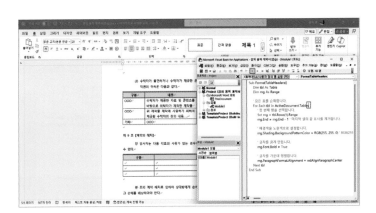

 주의

매크로나 VBA가 포함된 워드 파일을 저장할 때에는 [Word 매크로 사용 문서 (*.docm)] 형식으로 저장해야 합니다. 매크로가 포함된 문서를 [Word 문서 (*.docx)]로 저장하면 매크로가 모두 제거된 채 저장됩니다.

04 깔끔한 워드 표 만들기 SECTION

⊙ **예제 파일**: 예제\05장\워드 괘선 제거(연습).docm, 워드 괘선 제거(완성).docm

엑셀에서 조건 분기 처리를 할 때 IF 함수를 사용합니다. 그런데 워드에서도 조건 분기 처리가 가능하다는 사실을 알고 계셨나요? 워드에서도 IF문을 사용하지만 우리는 그 사실을 자세히 알 필요가 없습니다. 프롬프트로 뜻할 전달하기만 하면 되니까요.

워드 문서에 있는 여러 개의 표 중에서 특정한 조건을 충족하는 경우에만 어떤 서식이 지정되도록 할 수도 있습니다. 이번에는 표 중에서 열 수가 4개 이상이면 맨 왼쪽과 오른쪽 괘선을 지워서 표가 깔끔해 보이도록 하겠습니다.

01 '워드', 'vba', '괘선' 등의 키워드를 이용하여 프롬프트를 작성합니다.

> 프롬프트 | 워드에서 열이 4개 이상인 표의 맨 왼쪽과 맨 오른쪽 괘선을 지우는 vba 코드는?

02 Enter↵ 키를 누르거나 [제출] 아이콘을 클릭합니다. 열이 4개 이상이면 표의 맨 왼쪽과 오른쪽 괘선을 지우는 VBA 코드가 생성되었습니다. 만약 열이 4개가 아닌 경우에 활용하려면 코드를 다시 작성할 필요 없이 '>=4' 부분을 상황에 맞게 조정하면 됩니다. [복사] 아이콘을 클릭합니다.

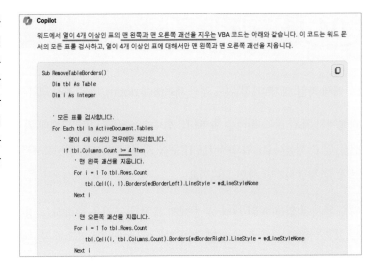

03 예제 파일로 가서 Alt + F11 키를 눌러 Visual Basic Editor를 호출합니다. 모듈을 삽입([삽입] - [모듈] 메뉴)하고 Ctrl + V 키를 눌러 코드를 붙여넣기합니다.

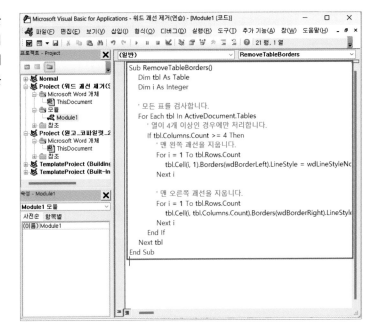

04 프로시저 내부를 클릭하여 커서를 옮긴 다음, [실행] 아이콘(▶)을 클릭합니다. 현재 문서(워드)에 있는 표 중에서 열이 4개 이상인 표에 대해서만 맨 왼쪽과 오른쪽 괘선이 제거됩니다.

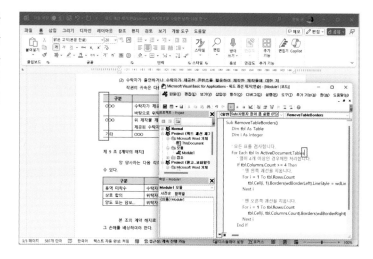

05 문서 내의 제목 일괄 강조하기 SECTION

⊙ **예제 파일**: 예제\05장\제목 일괄 강조(연습).docm, 제목 일괄 강조(완성).docm

앞의 예제들을 통해 계약서의 표와 관련된 서식을 변경하는 방법에 대해 알아보았습니다. 표가 아니라 일반 텍스트의 경우에는 어떻게 할까요? 예를 들이 계약서 각 조항의 제목에 해당하는 부분을 한꺼번에 강조해볼까요?

01 코딩을 할 때에는 '규칙이나 패턴'을 찾는 일이 중요합니다. 코파일럿에게 일을 시킬 때에도 마찬가지입니다. 계약서에서 각 조 제목(제 1 조 【목적】, 제 2조 【교육 용역 내용】 등)에는 어떤 규칙이나 패턴이 있을까요? 다른 것도 있겠지만 '【' 부호가 가장 눈에 띕니다. 여기에 착안하여 프롬프트를 작성합니다.

> **프롬프트** 워드의 모든 행에서 '【'라는 글자가 들어있는 행은 그 행 전체의 글자 크기를 12 포인트에 굵은 글씨로 지정하는 vba 코드는?

02 Enter↵ 키를 누르거나 [제출] 아이콘을 클릭합니다. 코드와 설명을 살펴본 다음 [복사] 아이콘을 클릭합니다.

03 예제 파일로 가서 Alt + F11 키를 누릅니다. Visual Basic Editor에서 [삽입] – [모듈] 메뉴를 선택하여 모듈을 추가한 다음, Ctrl + V 키를 눌러 코드를 붙여넣기합니다.

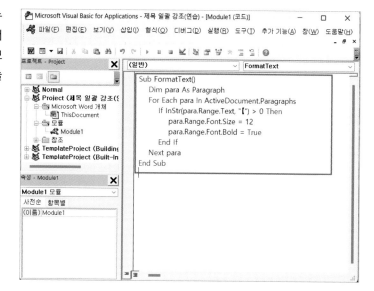

04 프로시저 내부를 클릭하여 커서를 옮긴 다음, [실행] 아이콘(▶)을 클릭합니다. 계약서 내용 중에서 각 조항의 제목 부분이 일괄적으로 원하는 형태로 강조 표시됩니다.

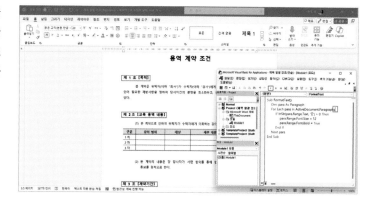

워드 VBA를 잘 모른다고 하더라도 코파일럿이 생성한 코드와 설명을 유심히 살펴보면 필요한 부분을 수정할 수 있습니다. 예를 들어, '【' 부호가 아닌 다른 특징으로 접근하려면 ❶ 부분을 수정하면 됩니다.

제목이 아닌 계약서 제목의 크기나 굵기 지정을 변경하려면 ❷ 부분을 수정합니다. 이렇게 하면 매번 코파일럿으로 코드를 새로 작성하지 않고도 처리할 수 있습니다.

```
Sub FormatText()
    Dim para As Paragraph
    For Each para In ActiveDocument.Paragraphs
        If InStr(para.Range.Text, "【") > 0 Then
            para.Range.Font.Size = 12
            para.Range.Font.Bold = True
        End If
    Next para
End Sub
```

MEMO

코파일럿으로 파워포인트 업무 자동화

이 책에서는 마이크로소프트 코파일럿(Microsoft Copilot: 무료 버전)을 사용하여 오피스 업무를 자동화하는 방법에 대해 다룹니다.

코파일럿 프로(Copolot Pro: 유료 버전)를 사용하면 주제를 입력하면 PPT 장표까지 만들어줍니다. 하지만 코파일럿 프로를 구독(월 29,000원)해야 하고 Microsoft 365 라이선스도 있어야 하는데 비해, 코파일럿 프로가 만들어주는 슬라이드 수준은 아직 그다지 만족스럽지 않습니다.

Chapter 06에서는 코파일럿(무료 버전)을 이용하여 파워포인트 슬라이드를 만드는 과정에 대해 소개합니다. 코파일럿으로 개요를 작성하고 슬라이드 디자인에 필요한 정보를 파악합니다. 그런 다음, VBA를 사용하여 슬라이드를 일괄 생성하고, 슬라이드 서식을 한꺼번에 맞춥니다.

이번 챕터는 진행되는 순서가 중요하므로 차례대로 살펴보세요.

01 프레젠테이션 아웃라인 작성하기

⊙ **예제 파일**: 예제\06장\베트남 진출 전략.txt

코파일럿은 데이터를 구조화하는 역량이 뛰어납니다. 자료의 전체적인 아웃라인, 즉 목차(Outline)를 작성할 때 도움을 받을 수 있습니다. 어디서부터 손대야 할지 난감하거나 이미 만든 초안의 완성도를 높이고자 할 때에도 활용해보세요.

01 프롬프트를 작성합니다. 코파일럿에게 '신사업팀 팀장' 역할을 부여하고, 아웃라인 작성에 필요한 정보들을 전달합니다.

> **프롬프트** 너는 국내 중견 화장품 회사 신사업팀 팀장이다. 이번에 회사에서 베트남 화장품 시장에 진출 여부를 결정하고자 하며, 회사 경영진 대상으로 프레젠테이션 자료를 만들어야 한다. 다음 조건에 맞는 프레젠테이션 자료의 목차를 작성해줘. [Shift] + [Enter↵]
> 1) 제목: 베트남 화장품 시장 진출 타당성 검토 [Shift] + [Enter↵]
> 2) 청중: 회사 경영진 및 주요 팀장 [Enter↵]

02 지정한 조건을 반영한 목차가 생성됩니다. 마음에 드는 목차가 만들어질 때까지 반복해서 목차를 확정합니다.

> ❖ **Copilot**
>
> 베트남 화장품 시장 진출에 대한 타당성 검토를 위한 프레젠테이션 목차는 다음과 같습니다:
>
> **1. 서론**
> - 배경 및 목적
> - 베트남 시장 개요
>
> **2. 베트남 화장품 시장 분석**
> - 시장 규모 및 성장 전망
> - 소비자 행동 분석
> - 경쟁사 분석
> - 유통 채널 분석
>
> **3. 베트남 진출을 위한 우리 회사의 강점 및 기회**
> - 내부 역량 분석
> - 제품 포트폴리오
> - 기술 및 혁신
>
> **4. 진출 전략**

03 파워포인트 슬라이드 내용을 구체화할 때 참고하기 위한 세부 항목과 참고 자료의 링크를 표시하도록 명령을 내립니다.

> **프롬프트** 회사 경영진 및 주요 팀장 대상으로 발표할 프레젠테이션의 목차를 다음과 같이 작성했다. 보완할 부분
> 이 있으면 제시하고, 각 항목별로 참고할 수 있는 사이트나 자료의 링크를 표시해줘. `Shift` + `Enter↵`
> - 베트남 시장 개요 `Shift` + `Enter↵`
> - 베트남 화장품 시장 규모 `Shift` + `Enter↵`
> - 경쟁사 및 유통 채널 분석 `Shift` + `Enter↵`
> - 시장 진입 전략 `Shift` + `Enter↵`
> - 파트너십 및 협력 전략 `Shift` + `Enter↵`
> - 법률 및 규제 환경 `Shift` + `Enter↵`
> - 재무적 타당성 분석 `Shift` + `Enter↵`
> - 위험 요소 및 대응 전략 `Shift` + `Enter↵`
> - 주요 발견 사항 `Shift` + `Enter↵`
> - 향후 계획 및 전망 `Enter↵`

04 각 항목별로 어떤 내용을 포함하면 좋은지에 대한 정보와 참고 자료 링크가 표시됩니다.

Copilot

✓ 답변 생성 중...

프레젠테이션 목차를 잘 구성하셨습니다. 각 항목에 대한 참고 자료와 함께 몇 가지 보완 사항을 제안드립니다:

1. 베트남 시장 개요
- 베트남의 경제 성장률, 인구 구조, 소비 트렌드 등을 포함할 수 있습니다.
- 참고 자료: 베트남 화장품 시장 개요

2. 베트남 화장품 시장 규모
- 시장 규모, 성장률, 주요 소비자 세그먼트 등을 다룰 수 있습니다.
- 참고 자료: 베트남 화장품 시장 규모

3. 경쟁사 및 유통 채널 분석
- 주요 경쟁사, 시장 점유율, 유통 채널의 특성 및 변화 등을 분석할 수 있습니다.
- 참고 자료: 베트남 화장품 경쟁사 분석, 베트남 화장품 유통 채널

4. 시장 진입 전략
- 시장 조사, 경제 정책 검토, 미개발 산업 분야 진출 등을 고려할 수 있습니다.
- 참고 자료: 베트남 시장 진입 전략

05 답변 아래쪽에는 더 자세한 정보를 얻을 수 있는 사이트와 버튼이 있습니다. 나중에 슬라이드 내용을 세부적으로 작성할 때 참고할 수 있습니다.

8. 위험 요소 및 대응 전략
- 경제적 불확실성, 위조 제품 문제, 부정적 홍보 등의 위험 요소와 대응 전략을 포함할 수 있습니다.
- 참고 자료: 베트남 화장품 시장 위험 요소

9. 주요 발견 사항
- 시장 조사 및 분석을 통해 도출된 핵심 인사이트와 기회 요인을 정리할 수 있습니다.
- 참고 자료: 베트남 화장품 시장 주요 발견 사항

10. 향후 계획 및 전망
- 시장 확대 전략, 장기 목표, 예상되는 시장 변화 등을 포함할 수 있습니다.

이 외에도 각 항목별로 시장 데이터, 사례 연구, 전문가 의견 등을 추가하여 내용을 더욱 풍부하게 만들 수 있습니다.
발표 준비에 도움이 되길 바랍니다.

자세한 정보: 1 📝 blog.naver.com | 2 ➡ kiep.go.kr | 3 ⚙ scienceon.kisti.re.kr | 4 ➡ kiep.go.kr | +38 더 보기

👍 👎 📋 ⬇ 🔊 📢 ● 1 / 30

> 감사합니다! 추가적인 정보를 찾아보겠습니다. | 베트남 화장품 시장에 대해 더 알려주세요.
> 다른 궁금한 사항이 있으면 말씀해주세요!

책에서 소개한 내용을 비롯한 다양한 팁을 알 수 있는 영상입니다.

 https://youtu.be/QLsWAPFPXMo?si=57Cgpkt2QPPE0ERw

02 여러 슬라이드 한꺼번에 생성하기 SECTION

◉ **예제 파일**: 예제\06장\베트남 진출 전략.pptm

코파일럿을 이용하여 파워포인트 VBA 코드를 생성하고 파워포인트에서 실행하는 방법은 엑셀이나 워드에서 사용한 방법과 동일합니다.

01 확정된 목차를 이용하여 개별 슬라이드를 만드는 VBA 코드를 작성합니다. 다음 프롬프트에서 [목차] 뒤의 세부 내용 (콜론 뒷부분)은 앞에서 코파일럿이 추천해준 내용을 사용했습니다(붙여넣기합니다).

프롬프트 다음 [목차]를 파워포인트 각 슬라이드의 제목으로 하는 vba 코드를 작성해줘. 조건은 다음과 같다. Shift + Enter↵

1) 슬라이드 제목(: 앞 부분)은 슬라이드 왼쪽 상단에 표시하고, 글자 크기는 44 포인트로 한다. Shift + Enter↵

2) 슬라이드 본문(: 뒷 부분)은 제목 아래에 TextBox를 삽입하고 그곳에 작성한다. 글자 크기는 14 포인트로 한다. Shift + Enter↵

Shift + Enter↵

[목차] Shift + Enter↵

- **베트남 시장 개요**: 베트남의 경제 성장률, 인구 구조, 소비 트렌드 Shift + Enter↵
- **베트남 화장품 시장 규모**: 시장 규모, 성장률, 주요 소비자 세그먼트 Shift + Enter↵
- **경쟁사 및 유통 채널 분석**: 주요 경쟁사, 시장 점유율, 유통 채널의 특성 및 변화 Shift + Enter↵
- **시장 진입 전략**: 시장 조사, 경제 정책 검토, 미개발 산업 분야 진출 Shift + Enter↵
- **파트너십 및 협력 전략**: 현지 파트너와의 협력, 전략적 제휴, 공동 마케팅 계획 Shift + Enter↵
- **법률 및 규제 환경**: 베트남의 화장품 관련 법률, 규제, 인증 절차 Shift + Enter↵
- **재무적 타당성 분석**: 시장 진입 비용, 예상 수익, 투자 회수 기간 Shift + Enter↵
- **위험 요소 및 대응 전략**: 경제적 불확실성, 위조 제품 문제, 부정적 홍보 등의 위험 요소와 대응 전략 Shift + Enter↵
- **주요 발견 사항**: 시장 조사 및 분석을 통해 도출된 핵심 인사이트와 기회 요인 Shift + Enter↵
- **향후 계획 및 전망**: 시장 확대 전략, 장기 목표, 예상되는 시장 변화 Enter↵

참고 프롬프트는 예제 파일의 VBA 코드 위에 수록되어있습니다. 각 Module의 시작 부분에 주석 형태로 표시되어있습니다.

02 Enter↵ 또는 [제출] 아이콘을 클릭하면 슬라이드 제목과 본문을 만들어주는 파워포인트 VBA 코드가 생성됩니다. [복사] 아이콘을 클릭합니다.

03 파워포인트를 실행하고 빈 프레젠테이션 파일을 엽니다.

04 Alt + F11 키를 누릅니다. 파워포인트의 Visual Basic Editor에서 [삽입] – [모듈] 메뉴를 선택하여 모듈을 추가한 다음, Ctrl + V 키를 눌러 코드를 붙여넣기합니다. 코드 내용을 이해하려고 할 필요는 없습니다. 진행되는 흐름을 파악하세요.

05 프로시저 내부를 클릭하여 커서를 옮긴 다음, [실행] 아이콘(▶)을 클릭합니다. 목차의 제목 숫자만큼 슬라이드가 자동으로 만들어집니다. 참고로, 이 코드는 새로운 [PowerPoint 프레젠테이션] 파일을 만들고 그곳에 슬라이드를 삽입합니다.

06 [여러 슬라이드] 아이콘을 클릭하면 모든 슬라이드에 제목과 세부 내용이 함께 작성되어있는 것을 확인할 수 있습니다.

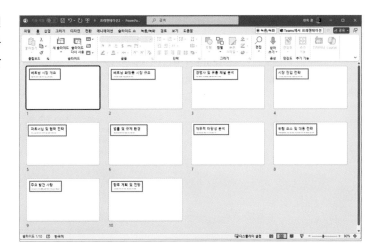

⚠️ **주의**

매크로나 VBA가 포함된 파워포인트 파일을 저장할 때에는 [PowerPoint 매크로 사용 프레젠테이션 (*.pptm)] 형식으로 저장해야 합니다. 매크로가 포함된 문서를 [PowerPoint 프레젠테이션 (*.pptx)]로 저장하면 매크로가 모두 제거된 채 저장됩니다.

03 모든 슬라이드의 디자인을 쉽게 하는 법   SECTION

◉ **예제 파일:** 예제\06장\베트남 진출 전략(디자인 적용 연습).pptx, 베트남 진출 전략(디자인 적용 완성).pptx

현재 시점에서 무료 버전 코파일럿으로 할 수 있는 프레젠테이션 작업은 다음과 같은 정도까지입니다.

① 슬라이드 개요 작성하기
② 각 슬라이드에 대한 세부 디자인 아이디어 얻기(콘텐츠와 최적 표현 형태)
③ 간단한 텍스트가 포함된 슬라이드 일괄 생성하기

코파일럿 프로(월 29,000원)와 Microsoft 365를 구독하고 있다면 이런 과정을 거치지 않아도 코파일럿 프로가 일괄 처리할 수 있습니다. 하지만 아직까지는 디자인 수준이 그렇게 뛰어나지 않으며, 색감이나 디자인 구성, 전체적인 조화 등에서 아쉬운 측면이 있습니다.

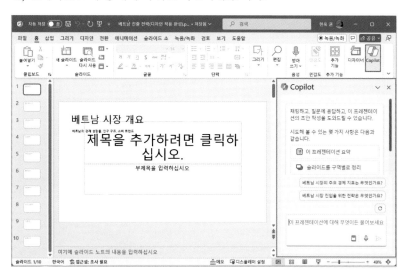

이번 예제에서는 코파일럿(무료)을 이용하여 각 슬라이드 제목에 부합하는 내용을 파악하고 그에 적합한 디자인으로는 어떤 것이 좋은지 그리고 빠른 시간 안에 슬라이드 디자인을 하는 방법에 대해 소개합니다.

01 '베트남 시장 개요' 슬라이드에는 어떤 내용을 담을 지 막연하다면 코파일럿의 도움을 받을 수 있습니다. 섹션 01의 02 예제에서 사용했던 대화창에 이어서 질문합니다.

> **프롬프트**   '베트남 시장 개요' 슬라이드에는 어떤 내용이 들어가면 좋을까?

02 Enter↵ 키를 누르거나 [제출] 아이콘
을 클릭하면 결과가 나타납니다. 각
주와 설명을 통해 필요한 정보를 검
색할 수 있습니다.

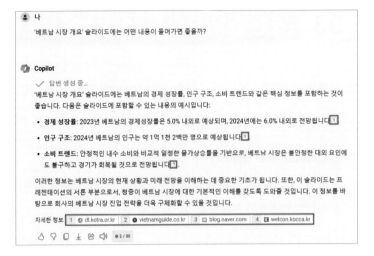

03 슬라이드에 들어갈 정보를 어느 정도 구체화했다면 어떻게 표현하는 것이 효과적일지에 대한 정보를 파악합니다. 역시
나 앞에서 사용한 채팅창을 이용합니다.

> **프롬프트** '소비 트렌드'를 표현하는 데 적합한 다이어그램은 뭐지?

04 표현할 데이터에 적합한 다이어그램
을 추천해줍니다. 자신의 상황에 특
화된 구체적인 질문을 하면 더욱 상
세한 답변을 얻을 수 있습니다. 참고
로, 하나의 대화창에는 30개까지 질
문을 할 수 있고, 현재 몇 번째 질문
인지는 답변 아래에 표시됩니다(예:
3/30).

05 이런 과정을 통해 개별 슬라이드에 대한 아이디어 구상을 마쳤다면 전체 슬라이드 디자인을 합니다. 예제 파일을 열고 [디자인] 탭 – [테마] 그룹에서 내용에 어울리는 테마를 선택합니다.

06 모든 슬라이드에 대해 지정한 테마가 적용됩니다.

07 Microsoft 365 버전을 사용하고 있다면 [디자이너]를 사용하여 더욱 편리하게 슬라이드 디자인을 할 수 있습니다. 디자인을 변경할 슬라이드를 선택하면 [디자이너] 작업창이 나타납니다. 여기서 원하는 디자인을 선택합니다. 각 슬라이드를 선택하고 내용과 어울리는 [디자이너]를 선택하면 짧은 시간 안에 슬라이드 디자인을 완성할 수 있습니다.

04 슬라이드 제목 서식 통일하기 SECTION

◉ **예제 파일**: 예제\06장\슬라이드 제목 서식 통일(연습).pptm, 슬라이드 제목 서식 통일(완성).pptm

작성할 슬라이드가 많다면 팀원들과 나눠서 작업하는 경우가 있습니다. 일정 시간 동안 각자 작성한 슬라이드를 취합했는데, 작성한 슬라이드의 서식이 제각각이라면 난감합니다. 슬라이드가 얼마 되지 않는다면 수작업으로 처리해도 되지만 수십 장이 넘는다면 어떻게 해야 할까요? 코파일럿으로 해결책을 찾아보겠습니다. 코파일럿 [대화 스타일]은 [보다 정교한]을 선택하고 진행합니다(선택 가능한 경우).

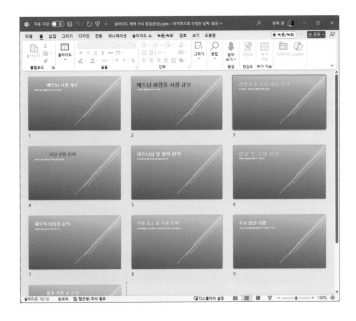

01 공통된 규칙이나 패턴을 찾아낼 수 있으면 문제를 해결하는 단서를 찾을 수 있습니다. 슬라이드 제목은 서식이 다르지만 한 가지 공통점이 있습니다. 글자 크기가 일정 크기를 넘습니다. 이 점을 이용하면 되겠습니다. 슬라이드 제목을 '흰 색'에 '굵은 글씨', 크기는 44 포인트로 통일시킵니다.

> 프롬프트 | 파워포인트 슬라이드의 모든 텍스트 중에서 폰트 크기가 44 포인트 이상이면 폰트 색을 '흰 색'에 '굵은 글씨', 크기는 44 포인트로 바꾸는 vba 코드를 작성해줘.

02 Enter↵ 키를 누르거나 [제출] 아이콘을 클릭합니다. 코드와 설명을 살펴본 후 [복사] 아이콘을 클릭합니다.

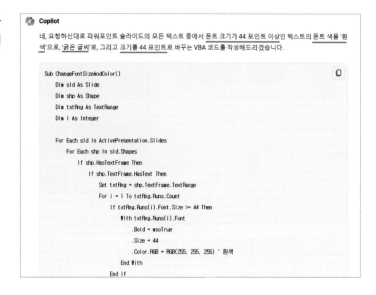

03 예제 파일을 열고 Alt + F11 키를 누릅니다. 파워포인트 Visual Basic Editor에서 [삽입] - [모듈] 메뉴를 선택하여 모듈을 추가한 다음, Ctrl + V 키를 눌러 코드를 붙여넣기합니다.

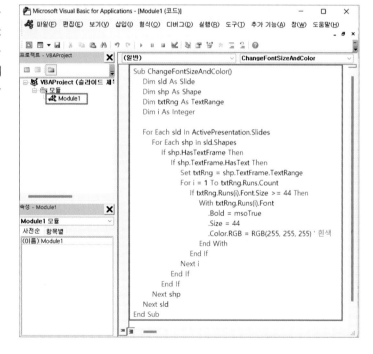

04 프로시저 내부를 클릭하여 커서를 옮긴 다음, [실행] 아이콘(▶)을 클릭합니다. 파일 내 모든 슬라이드의 제목 서식이 지정한 대로 일괄 변경되었습니다.

05 모든 슬라이드 제목 위치 맞추기 SECTION

◉ **예제 파일**: 예제\06장\슬라이드 제목 위치 통일(연습).pptm, 슬라이드 제목 위치 통일(완성).pptm

슬라이드 제목의 글자 서식을 맞추는 작업은 완료했는데, 슬라이드를 자세히 보면 제목의 위치가 조금씩 다릅니다. 이번에는 슬라이드 제목의 위치를 동일하게 맞춰 보겠습니다.

01 코파일럿에게 상황을 어떻게 전달해야 할까요? 제목이든 본문 내용이든 슬라이드에 표시되는 모든 글자는 '도형'에 담겨있습니다. 그중에서도 제목은 '첫 번째 도형'이 되겠죠? 이 점에 착안하여 프롬프트를 작성합니다.

> **프롬프트** 파워포인트 모든 슬라이드의 첫 번째 도형의 위치를 위에서 10 포인트, 왼쪽에서 30 포인트 떨어진 위치로부터 시작되도록 하는 vba 코드를 작성해줘. 절대 위치를 기준으로 해.

02 Enter↵ 키를 누르거나 [제출] 아이콘을 클릭합니다. 코드와 설명을 살펴본 후 [복사] 아이콘을 클릭합니다.

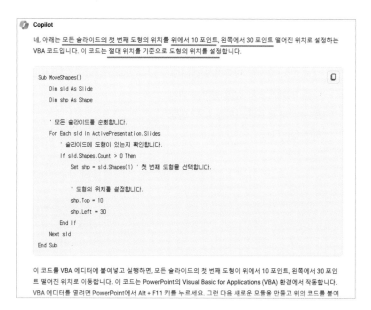

03 예제 파일을 열고 Alt + F11 키를 누릅니다. Visual Basic Editor에서 [삽입] – [모듈] 메뉴를 선택한 다음, Ctrl + V 키를 눌러 코드를 붙여넣기합니다.

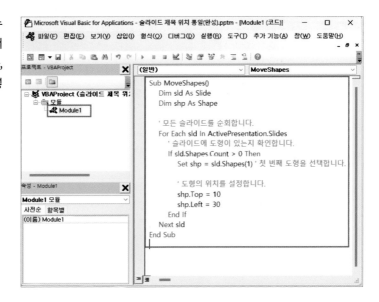

04 프로시저 내부를 클릭하여 커서를 옮긴 다음, [실행] 아이콘(▶)을 누릅니다. 파일 내 모든 슬라이드의 제목 위치가 지정한 곳으로 이동하여 표시됩니다.

05 슬라이드 제목의 위치를 다른 곳으로 바꾸고 싶다면 코파일럿으로 코드를 다시 작성할 필요가 없습니다. 다음 부분의 숫자 값만 원하는 위치로 수정하고 프로시저를 다시 실행하면 됩니다.

```vba
Sub MoveShapes()
    Dim sld As Slide
    Dim shp As Shape

    ' 모든 슬라이드를 순회합니다.
    For Each sld In ActivePresentation.Slides
        ' 슬라이드에 도형이 있는지 확인합니다.
        If sld.Shapes.Count > 0 Then
            Set shp = sld.Shapes(1) ' 첫 번째 도형을 선택합니다.

            ' 도형의 위치를 설정합니다.
            shp.Top = 10
            shp.Left = 30
        End If
    Next sld
End Sub
```

MEMO

알아두면 유용한 코파일럿 활용법

코파일럿에는 많은 기능이 탑재되어있는 만큼 다양한 영역에서 활용할 수 있습니다. 이미지를 작성하고, 웹 페이지나 동영상 내용을 요약하는 것은 기본 중의 기본입니다. 챗GPT에서는 유료 버전이라야 사용할 수 있는 기능 중 일부를 코파일럿에서는 무료로 사용할 수 있습니다.

Chapter 07에서는 코파일럿으로 PDF 문서를 요약하고 이미지를 분석하여 인스타그램 게시물을 만들어 봅니다. 어디 그뿐인가요? 코파일럿 플러그 인과 GPT를 사용하여 K-POP 스타일의 노래를 만들고 개인 피트니스 트레이너로 활용할 수도 있습니다. 접근성이 뛰어난 코파일럿 앱 사용 방법에 대해서도 소개합니다.

01 코파일럿 메모장 활용법 3가지

⊙ **예제 파일**: 예제\07장\메모장 코파일럿 활용.txt

단순한 텍스트 편집기 정로로 알고 있는 윈도우 메모장에도 코파일럿이 들어있다는 사실을 아시나요? 코파일 럿을 이용하여 평범한 메모장을 스마트하게 사용해보세요.

> **참고** 이 기능을 사용하기 위해서는 메모장 버전이 11.2401.25.0 이상이라야 합니다. 메모장 버전은 [설정]에서 확인할 수 있 습니다.
>
> (1) 메모장을 열고 화면 오른쪽 위에 있는 톱니처럼 생긴 [설정] 아이콘을 클릭합니다.
> (2) 화면 아래로 스크롤하여 [이 앱에 대한 정보] 부분에 버전 정보가 있습니다.

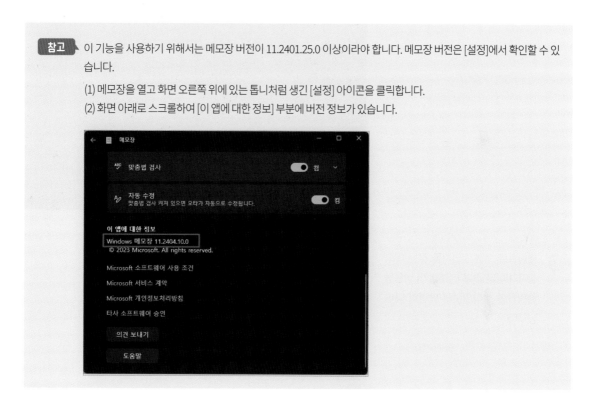

01 [활용1] 간단한 디코딩 도구

코파일럿이 생성한 VBA 코드가 있습니다. 코드 내용을 보다가 잘 이해가 되지 않는 부분이 있다면 메모장을 디코딩(코드 해석) 도구로 활용할 수 있습니다.

01 코드 중에서 해당 영역을 범위로 지정합니다.

02 해당 영역을 마우스 오른쪽 버튼으로 클릭하고, 팝업 메뉴에서 [Copilot으로 설명] 버튼을 선택합니다.

03 채팅으로 보낼 것인지를 묻는 대화 상자가 나타납니다. [보내기] 버튼을 클릭하면 코파일럿의 답변이 나타납니다.

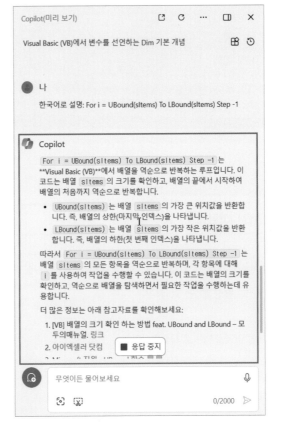

04 02에서 단축키인 Ctrl + E 키를 누르면 바로 다음 단계로 넘어가므로 더욱 빠르게 처리할 수 있습니다.

02　**[활용2]** 빠른 코드 작성과 개선 제안　　　　　　　　　　　　　　　　　　　Unit

메모장은 코드 편집을 목적으로 설계된 것은 아닙니다. 전문적인 용도로 코딩을 한다면 통합 개발 환경을 이용하는 것이 효과적입니다(예: VS Code). 그러나 메모장은 특유의 친숙하고 가벼운 인터페이스 내에서 AI 기반 코드 제안, 반복 작업 자동화, 코드 조각 생성 등에 두루 활용할 수 있습니다.

01 아주 간단한 VBA 코드를 메모장에 작성했습니다.

02 코드를 범위로 지정하고 Ctrl + E 키를 누른 다음, [보내기] 버튼을 클릭합니다.

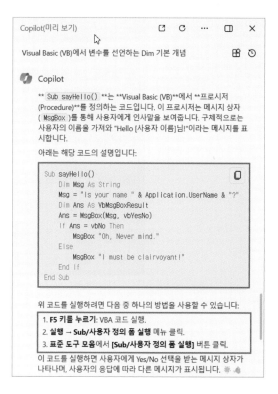

03 코파일럿은 이 코드가 인사말을 보여주는 코드라는 설명과 함께, 내용이 보완된 코드, 그리고 이 코드를 어떻게 실행하는지 등에 대해서도 알려줍니다.

> **주의**
>
> 코파일럿은 생성형 AI이므로 질문할 때마다 답변 결과가 달라질 수 있습니다.

03 [활용3] 긴 문장 요약하기 `Unit`

메모장은 가볍고 심플하기 때문에 회의 내용을 기록하거나, 글의 개요를 작성하거나, 떠오르는 생각을 포착하는 데에도 유용합니다. 뿐만 아니라 계약서나 신문 기사처럼 길고 복잡한 글도 메모장의 코파일럿으로 간단하게 요약할 수 있습니다.

01 신문 기사 중 하나를 메모장으로 가져왔습니다. 요약하려는 부분을 범위로 지정합니다.

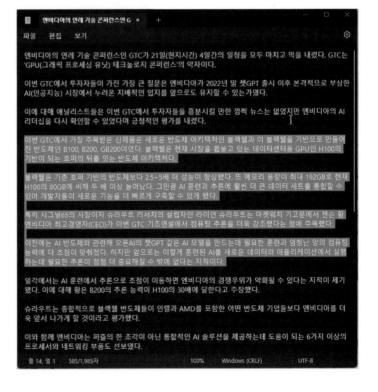

02 앞에서 소개한 방식으로 `Ctrl` + `E` 키를 눌러서 코파일럿으로 내보낸 다음, 200자 이내로 내용을 요약해 달라고 요청한 결과입니다.

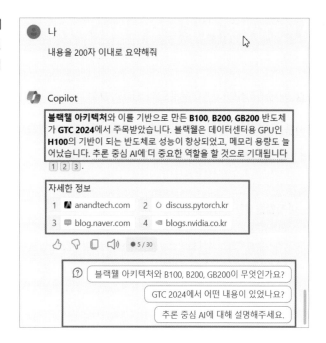

03 내용 요약과 함께 자세한 정보를 얻을 수 있는 곳, 궁금해할 만한 내용에 대한 추가 질문 목록까지 표시해줍니다.

 주의

코파일럿의 대화창에 입력할 수 있는 텍스트는 최대 2,000자입니다.

 책에서 소개한 내용을 비롯한 다양한 팁을 알 수 있는 영상입니다.

 https://youtu.be/-VAI2DeLzGU?si=aKz4ECquAbBzIsrs

02 코파일럿 PDF 문서 활용법 2가지 SECTION

⊙ **예제 파일**: 예제\07장\인터넷 다운로드(아래 [참고] 참조)

긴 PDF 문서를 요약하는 것은 시간도 많이 걸리고 귀찮을 수 있습니다. 코파일럿을 이용하면 PDF 문서를 요약하거나 필요한 정보를 얻는 데에도 도움을 받을 수 있습니다.

> **참고** **이 작업을 위한 준비물 2가지**
> ① **PDF 파일**: 이 작업에 사용할 수 있는 PDF 파일은 스캔한 이미지가 아니라 텍스트를 선택할 수 있는 형태라야 합니다 (텍스트를 드래그하여 범위로 선택할 수 있는 형태). PDF 파일은 구글 검색으로 쉽게 찾을 수 있습니다. 검색할 단위 뒤에 pdf만 붙여주면 됩니다(예: ai article pdf).
> ② **웹 브라우저**: 브라우저는 마이크로소프트 엣지 브라우저를 사용합니다.

01 PDF 문서 내용 요약하기 Unit

01 윈도우 탐색기를 이용하여 내용을 요약하려는 파일이 있는 폴더로 접근합니다.

02 해당 파일을 마우스 오른쪽 버튼으로 클릭하고 팝업 메뉴에서 [연결 프로그램] - [Microsoft Edge]를 선택합니다.

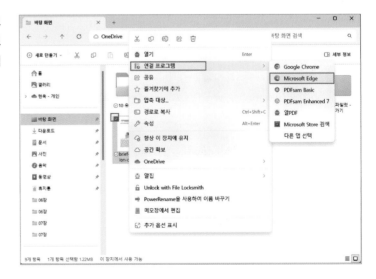

03 엣지 브라우저에서 PDF 파일이 열립니다. 브라우저 오른쪽 위에 있는 [Copilot] 아이콘을 클릭하면 브라우저 오른쪽에 코파일럿 사이드바가 나타납니다.

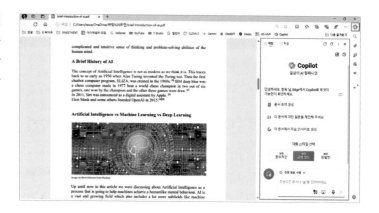

04 사이드바에서도 대화창에서와 같이 대화 스타일을 선택할 수 있습니다. 필요에 따라 적절한 것을 선택합니다. 만약 대화 스타일 선택 옵션이 나타나지 않는다면 그대로 진행하세요. 이와 관련된 자세한 내용은 44쪽을 참고하세요.

05 [문서 요약 생성] 버튼을 클릭합니다.

06 코파일럿이 PDF 문서에 대한 요약 결과가 표시됩니다. 원본 문서는 영어임에도 불구하고 요약은 한글로 작성되었습니다. 만약 영어로 요약된다면 한글로 변환하라고 명령하세요.

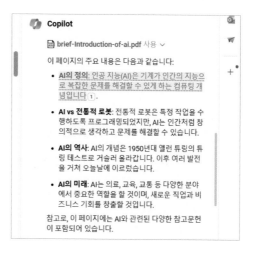

07 [내보내기] 아이콘을 이용하여 결과를 Word나 PDF, 또는 텍스트 파일 형태로 내보내기 할 수도 있습니다.

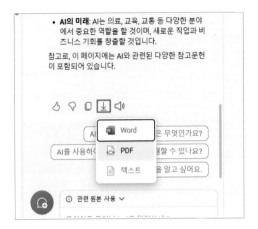

08 예를 들어 [PDF] 버튼을 선택하면 다음과 같은 화면이 나타납니다. [인쇄] 버튼을 클릭하면 PDF 파일이 생성됩니다.

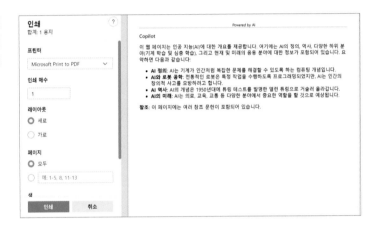

---

02 PDF 문서에서 더 많은 인사이트 얻기 · Unit

위 방법을 사용하면 PDF 전체 내용을 열어보지 않더라도, 혹은 원본과 요약 내용을 대조하면서 효과적으로 내용을 파악할 수 있습니다. 이번에는 후속 질문을 통해 PDF 문서에 대해 더 많은 인사이트를 얻는 방법에 대해 알아봅니다.

01 사이드바 오른쪽 위에 있는 [새로 고침] 아이콘을 클릭합니다.

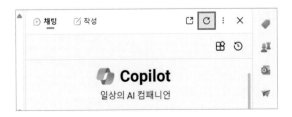

02 [이 문서에서 주요 인사이트 생성] 버튼을 클릭합니다.

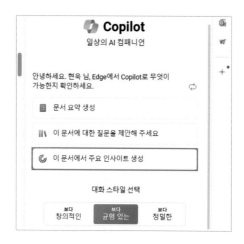

03 결과와 함께 추가 질문 목록이 표시됩니다. 이 질문을 통해 내용을 추가로 파악할 수도 있습니다.

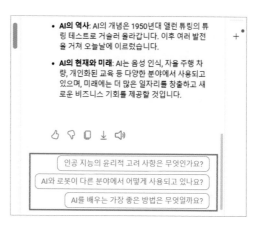

04 [이 문서에 대한 질문을 제안해 주세요] 버튼을 클릭하면 코파일럿이 PDF 문서와 관련된 질문을 제안합니다. 이런 질문들에 대한 답을 찾아가는 과정을 통해 문서의 핵심 내용을 이해하는 데 도움이 됩니다.

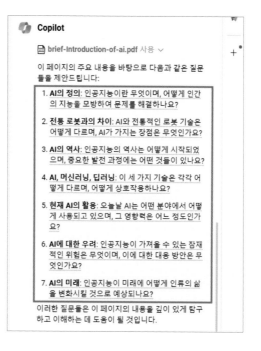

---

03 주의할 점	Unit

코파일럿으로 PDF 문서를 활용할 때 다음 두 가지 사항에 주의하세요.

01 PDF 양이 커질수록 시간이 많이 걸리고 정확도가 떨어질 수 있습니다. 경험상 30~40쪽 정도 되는 PDF는 별다른 문제가 없었지만 70쪽 정도를 넘어가면 일부 문제가 발생하는 경우가 있었습니다. 만약 큰 PDF 파일이라면 PDF 파일을 분할하는 것도 방법입니다.

PDF를 분할하는 앱은 구글 검색을 하면 쉽게 찾을 수 있습니다. 필자는 개인적으로 PDFsam 앱을 사용합니다

- **PDFsam Basic(무료 버전):** https://pdfsam.org/download-pdfsam-basic/

02 생성형 AI의 대표적인 부작용 중 하나로 알려진 환각(hallucination) 효과에 주의하세요. 코파일럿도 실제가 아닌 것을 마치 사실인 것처럼 답변하는 경우가 있습니다. 특히 내용이 길수록 그런 경향을 보입니다. 코파일럿의 답변에 대해서는 항상 사실 여부에 대한 확인이 필요합니다.

03   코파일럿으로 매력적인 캐릭터 만드는 방법   SECTION

◉ **예제 파일**: 예제\07장\이미지 작성 프롬프트.txt

코파일럿을 사용하면 이미지 생성기(Copilot Image Creator)를 사용하여 무료 이미지를 생성할 수 있습니다. 사용 방법도 매우 간단합니다. 코파일럿 이미지 생성기는 오픈AI의 GPT-4 및 달리(DALL-E) 텍스트-이미지 생성기를 사용하여 단어를 그림으로 변환해줍니다.

01   코파일럿 이미지 생성기 기본 사용법   Unit

01 엣지 브라우저에서 코파일럿 이미지 크리에이터를 사용하는 가장 쉬운 방법은 일반 코파일럿 채팅을 이용하는 것입니다. 코파일럿에 이미지 생성을 요청하면 4개의 1:1 이미지를 결과물로 생성합니다.

02 이미지를 작성하려면 키워드와 함께 그림으로 만들어달라고 요청하면 됩니다.

> **프롬프트**   보라색 배경에 퍼즐 조각으로 만든 로봇 그림을 그려줘.

03 Enter↵ 키를 누르거나 [제출] 아이콘을 클릭합니다. 4개의 이미지가 만들어집니다.

04 각 이미지를 클릭하면 상세 화면이 나타나며 여기에서 이미지를 공유하거나 내려받을 수 있습니다.

05 무료 버전에서는 이미지의 비율을 조절할 수 없습니다(무조건 1:1 비율 이미지 생성). 이 점은 조금 아쉽지만 무료 AI 이미지 생성기를 원한다면 코파일럿 이미지 크리에이터 이상의 제품을 찾기가 어렵습니다. 사용이 간편하고 강력하며, 다양한 이미지 유형, 스타일 등을 지정할 수 있기 때문입니다.

참고 **이미지 크리에이터의 '부스트(Boost)'란?**

이미지 크리에이터로 만들 수 있는 이미지 수에는 제한이 없지만 '부스트' 토큰 시스템을 사용하여 빠른 이미지를 제공합니다. 프롬프트를 입력할 때마다 부스트를 사용합니다. 부스트가 모두 소진될 경우, 품질에는 차이가 없고 제작 시간만 달라지는 것으로 알려져 있습니다. 코파일럿은 하루 15회의 부스트를 사용할 수 있습니다(코파일럿 프로는 하루 100회). 부스트는 생성된 이미지 오른쪽 아래에 있는 숫자를 통해 알 수 있습니다.

04 거장 화가 스타일을 적용한 이미지 만들기 SECTION

수식을 작성하거나 코딩을 할 때와 마찬가지로 프롬프트를 어떻게 구성하느냐에 따라 코파일럿이 작성하는 이미지 품질은 큰 차이를 보입니다.

01 앞에서 이미지 작성에 사용된 프롬프트를 다음과 같이 수정합니다.

> **프롬프트**　보라색 배경에 퍼즐 조각으로 만든 로봇 그림을 그려줘. 미니멀리즘 형식으로 그려줘.

02 불필요한 복잡성, 색상 등을 제거하고 보라색 음영에 미니멀한 느낌의 이미지가 생성됩니다.

03 서로 다른 프롬프트로 작성한 이미지를 비교해보세요. 얼마나 디테일하게 요청하느냐가 결과물의 품질을 좌우합니다. 또한 'OOO 스타일'로 해달라고 하면 비슷한 화풍으로 만들어줍니다.

> **프롬프트 1**　가까이 앉아있는 귀여운 푸들 강아지 이미지를 만들어줘.
>
> **프롬프트 2**　다음 조건을 반영해서 푸들 강아지 이미지를 만들어줘. [Shift] + [Enter↵]
> - 빨간 테두리의 안경을 쓰고있다. [Shift] + [Enter↵]
> - '피카소 스타일'로 그린다. [Enter↵]

▲ 프롬프트1 적용

▲ 프롬프트2 적용

04 캐릭터를 개발하는 과정은 시간이 많이 걸리고 힘들며, 창의력이 필요한 과정으로 알려져있습니다. 코파일럿으로 매력적인 캐릭터를 만드는 것도 가능합니다. 캐릭터의 외모뿐만 아니라 심리, 성장 배경 같은 주변 정보들을 포함하여 프롬프트를 최대한 구체적으로 작성합니다.

> **프롬프트**
> - **이름**: 로라 윌슨
> - **나이**: 34
> - **국적**: 알바니아계 미국인
> - **직업**: 형사
> - **성격 특성**: 분석적이고 강인함. 목표지향적 성격
> - **신체적 특성**: 보통 키에 탄탄한 체격, 갈색 눈동자, 말총 머리
> - **심리적 프로필**: 범죄 조직에 의해 가족을 잃고 복수욕에 불타고 있으며. 정의 실현 동기 높음

05 Enter↵ 키를 누르거나 [제출] 아이콘을 클릭합니다. 이번에는 3개의 이미지가 생성되었습니다. 성별을 지정하지 않았더니 남성처럼 묘사한 것도 있군요. 필자가 생각한 이미지와 가장 가까운 것은 첫 번째 이미지입니다. 참고로 이 캐릭터는 기욤 뮈소의 소설과 어느 영화를 보다가 떠올린 캐릭터입니다.

"로라 윌슨, 34세, 알바니아계 미국인 형사. 분석적이고 강인한 성... "

▶ Designer ｜ DALL·E 3에서 구동 ｜ 🌐 14

05 **이미지를 분석하고 인스타그램 게시글 만들기** SECTION

◉ **예제 파일**: 예제\07장\이미지 분석-1.png, 이미지 분석-2.png

코파일럿은 이미지 파일을 업로드하여 필요한 작업을 할 수 있습니다. 챗GPT와 달리 코파일럿에서는 이 기능을 무료로 사용할 수 있습니다.

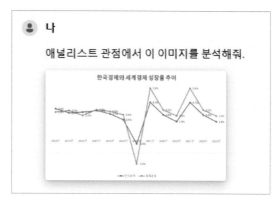

---

01 인스타그램 게시글 만들기 Unit

01 대화창 오른쪽에 있는 [이미지 추가] 아이콘을 클릭합니다. '대화 스타일 선택' 옵션이 화면에 표시되지 않을 수도 있습니다. 이와 관련해서는 44쪽을 참고하세요.

02 현재 장치에 있는 파일을 업로드하거나 사진을 찍어 진행할 수도 있습니다. 여기서는 [이 디바이스에서 업로드] 버튼을 선택한 다음, 대상 파일을 선택합니다.

03 이미지 업로드가 완료되면 프롬프트를 작성합니다.

> **프롬프트** 이 이미지에 대해 상세하게 묘사해줘.

04 이미지에 대해 상세하게 묘사합니다. 이미지를 보지 않고 설명만 들어도 어떤 느낌인지 알 수 있을 정도로 묘사가 정확합니다.

05 이미지를 인스타그램으로 올리기 위한 게시글을 만들어보겠습니다(같은 대화창 사용).

> **프롬프트** 위 내용을 바탕으로 인스타그램에 올릴 게시글을 만들어줘. 3개 문장, 5개 해시태그를 사용하고 3개의 예시를 출력해줘.

06 한글과 영문 버전을 포함한 3개의 문장과 함께 해시태그가 작성되었습니다.

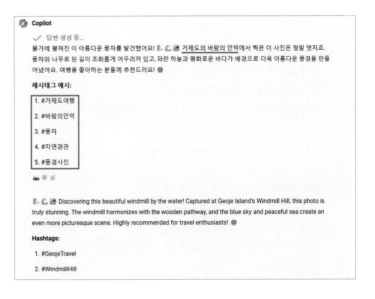

| **02** | 이미지 분석하기 | Unit |

01 이미지를 묘사하는 것뿐만 아니라 수치 데이터가 들어있는 이미지 정보를 분석하는 것도 가능합니다. 새 대화창을 열고 [이미지 추가] 아이콘을 클릭해 예제 예제 이미지(이미지분석-2.png) 파일을 업로드합니다.

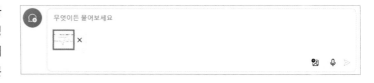

02 어떤 관점에서 보고 싶은지를 프롬프트로 작성합니다.

> **프롬프트** 애널리스트 관점에서 이 이미지를 분석해줘.

03 이미지가 어떤 의미를 내포하는 지와 함께 참고할 수 있는 정보와 추가 질문 등이 표시됩니다.

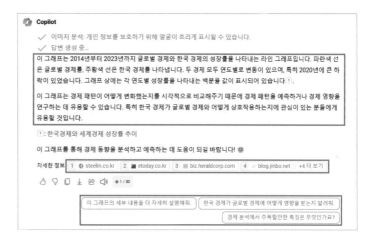

04 만약 더 분석해보고 싶다면 프롬프트를 보완하여 질문합니다.

> **프롬프트** 좀 더 길고 자세하게 분석하고, 글머리 기호를 사용하여 3개의 핵심 메시지로 요약해줘.

05 글머리 기호를 사용하여 3개의 핵심 메시지가 정리되었습니다. 급격한 변동을 보인 원인에 대해서도 추측하고 있습니다.

🔷 **Copilot**

✓ 답변 생성 중...

물론입니다! 이 그래프를 더 자세히 분석하고, 3개의 핵심 메시지로 요약해보겠습니다.

1. **경제 성장률 비교:**
   - 그래프는 글로벌 경제와 한국 경제의 성장률을 비교합니다.
   - 2014년부터 2023년까지 두 경제 모두 변동이 있었으며, 특히 2020년에는 급격한 하락이 있었습니다.
   - 글로벌 경제는 한국 경제보다 상대적으로 안정적인 성장률을 보였습니다.

2. **경제 변동 요인:**
   - 그래프에서 2020년의 하락은 코로나19 팬데믹과 관련이 있을 것으로 추측됩니다.
   - 글로벌 경제와 한국 경제는 서로 다른 경제적 상황에 민감하게 반응했습니다.

3. **경제 예측 및 대응:**
   - 경제 분석가들은 이러한 경제 변동을 예측하고 대응하는 방법을 고민해야 합니다.
   - 글로벌 경제와 한국 경제의 상호작용을 고려하여 향후 경제 전망을 평가해야 합니다.

요약:

06 웹 페이지와 유튜브 영상 요약하기   SECTION

◉ **예제 파일**: 예제\07장\인터넷 뉴스기사 URL, 유튜브 동영상 URL

코파일럿 사이드바를 이용하면 웹 페이지를 정리하고 유튜브 영상을 요약하는 작업도 간단하게 처리할 수 있습니다.

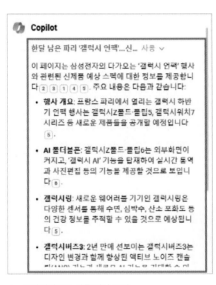

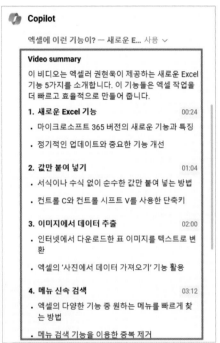

▲ 코파일럿으로 신문 기사 요약   ▲ 코파일럿으로 동영상 요약

---

01   코파일럿으로 뉴스 기사 요약하기   Unit

01 코파일럿은 정리를 잘 해준다고 했으니 인터넷 뉴스 기사 정리도 잘 할 것 같아서 시켜 보았습니다. 대화창에 프롬프트를 작성하고 실행을 시킵니다([Enter↵] 키 또는 [제출] 아이콘).

> **프롬프트** **다음 사이트의 내용을 요약해줘.**
> https://n.news.naver.com/article/092/0002333977

02 기사 원문과 전혀 관련 없는 엉뚱한 내용이 표시됩니다. 네이버 뉴스에서 이런 현상이 두드러집니다.

▲ 기사 원문

▲ 코파일럿 정리 결과

03 사이드바를 이용하면 이런 문제를 해결할 수 있습니다. 신문 기사 URL을 복사합니다. 엣지 브라우저의 주소 입력란에 붙여넣은 다음 Enter↵ 키를 눌러서 신문 기사를 표시합니다.

04 화면 오른쪽 위에 있는 [Copilot] 아이콘을 클릭하여 사이드바를 표시합니다. [페이지 요약 생성] 버튼을 클릭하거나 프롬프트를 작성합니다.

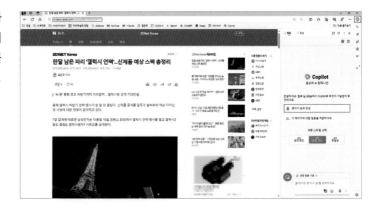

프롬프트 이 사이트의 내용을 요약해줘.

05 이번에는 기사 내용이 제대로 요약됩니다.

02	코파일럿으로 동영상 요약하기	Unit

01 동영상을 요약하는 것도 기사 요약과 마찬가지로 매우 간단하게 할 수 있습니다. 내용을 요약할 동영상을 엣지 브라우저에서 엽니다. 예를 들어 유튜브 '엑셀러TV'에 올라와 있는 영상을 연 다음, [Copilot] 아이콘을 클릭하여 사이드바를 표시합니다. 사이드바가 이미 열려있다면 [새로 고침] 아이콘을 클릭합니다.

- **영상 URL**: https://m.site.naver.com/1oGCw

02 [동영상 하이라이트 생성하기] 버튼을 클릭합니다.

03 동영상에 어떤 내용이 있는지 주요 시간대별로 정보를 요약해줍니다.

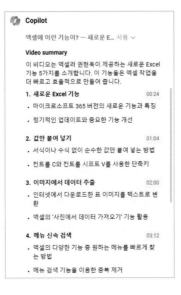

07 K-POP 스타일의 노래 만들기

SECTION

◉ **예제 파일**: 예제\07장\밤 하늘의 별.mp4

코파일럿 '플러그 인(plugin)'은 마이크로소프트가 아닌 다른 회사에서 개발한 앱을 코파일럿에서 대화 형식으로 사용할 수 있게 해 주는 기능입니다. 쉽게 말해서 그 분야에 특화된 챗봇이라고 할 수 있죠. 코파일럿은 그 자체로도 강력한 도구이지만 플러그 인을 사용하여 더욱 유용하게 만들 수 있습니다. 이 글을 쓰는 시점에서 사용할 수 있는 플러그 인은 8가지가 있으며, 최대 3개까지 동시에 켤 수 있습니다.

---

01 사용할 수 있는 플러그 인 목록

Unit

플러그 인 목록과 기능에 대한 설명은 다음과 같습니다.

- **검색**: 검색 플러그 인은 코파일럿을 웹과 연결하므로 기본적으로 활성화되어있으며 다른 플러그 인을 작동하는 데 필수적입니다. 이전까지는 끌 수 없었지만 현재는 가능합니다. 이 플러그 인을 끄면 GPT-4 검색 없이 사용하게 됩니다.

- **가게(Shop):** 온라인에서 제품을 검색하고 최적의 가격을 찾을 수 있도록 도와줍니다. 코파일럿은 정보를 얻은 출처를 명시하기 때문에 필요하다면 링크를 따라가서 추가 정보를 파악할 수 있습니다.
- **전화(Phone):** 안드로이드 폰을 사용하여 연락처 정보를 조회하고 문자 메시지를 보낼 수 있습니다.
- **인스타카트(Instacart):** 음식을 준비하는 경우 인스타카트 플러그 인을 사용하여 레시피를 제안받고, 필요한 재료를 파악하고, 소매점에 주문할 수 있습니다.
- **카약(Kayak):** 휴가를 계획 중이라면 카약을 통해 저렴한 항공권, 숙박, 렌터카를 찾을 수 있습니다. 뿐만 아니라 예산 내에서 방문할 수 있는 관광지를 추천받을 수도 있습니다.

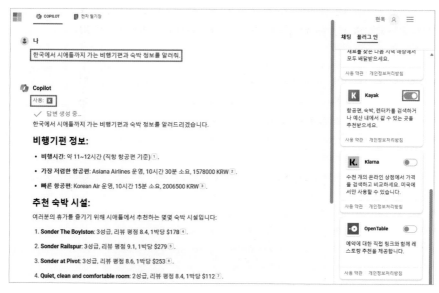

▲ Kayak 플러그 인을 실행하여 검색한 결과

- **클라르나(Klarna):** 수천 개의 파트너 판매자와 함께 하는 지금 구매, 나중에 결제 서비스입니다. 온라인 쇼핑몰에서 최저가를 비교해서 보여줍니다. 이 플러그 인은 현재 미국에서만 사용 가능합니다. 미국 이외 지역 이용자는 '가게' 플러그 인을 사용할 수 있습니다.
- **오픈테이블(OpenTable):** 오픈테이블을 사용하면 인기 레스토랑에서 테이블을 찾고 예약할 수 있습니다. 이 플러그 인을 활성화한 다음 코파일럿에게 근처 레스토랑을 제안하도록 요청할 수 있습니다.
- **수노(Suno):** 인공지능(AI)으로 노래를 작곡할 수 있습니다.

02 Suno 플러그 인으로 K-POP 스타일의 노래 만들기 `Unit`

지금까지 배운 각종 내용(프롬프트 작성 기술, 화면 사용법 등)은 플러그 인에서도 적용할 수 있습니다. 텍스트를 기반으로 결과를 작성해주기 때문이죠. 이번 예제에서는 플러그 인 중에서 'Suno'를 이용하여 간단한 노래를 만드는 방법에 대해 소개합니다.

01 코파일럿 사이드바에서 [플러그 인] 탭을 선택합니다. 아래로 스크롤한 다음 [Suno] 플러그 인 오른쪽에 있는 옵션 버튼을 클릭하여 활성화합니다.

02 어떤 노래를 만들 것인지 프롬프트를 작성합니다.

> **프롬프트** 뉴진스의 ETA 느낌이 나는 k-pop 노래를 만들어줘.

03 Enter↵ 키를 누르거나 [제출] 아이콘을 클릭합니다. 잠시 기다리면 가사와 함께 노래가 만들어집니다.

04 Suno에 의해 만들어졌음을 알려주고 있습니다. 무료 버전에서는 1분 길이의 음악을 만들 수 있습니다. [듣기] 버튼을 클릭하면 음악을 감상할 수 있습니다. 마음에 들지 않으면 수식이나 코딩에서와 마찬가지로 채팅창을 이용하여 수정합니다.

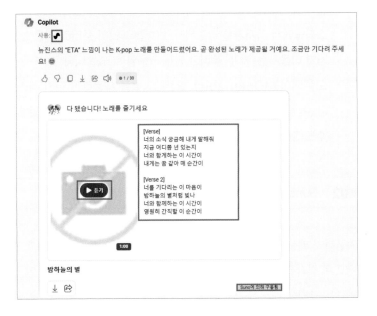

05 [다운로드] 아이콘을 클릭하면 파일
(.mp4)이 다운로드됩니다.

06 파일을 내려받은 곳으로 가서 언제
든 음악을 다시 들을 수 있습니다. 1
분짜리밖에 만들지 못하는 것은 아
쉽지만 텍스트 프롬프트만으로 매
우 간단하게 노래를 만들 수 있습
니다.

08 개인 피트니스 트레이너 만들기 　　　　　SECTION

Copilot GPT는 특정한 분야에 특화된 코파일럿을 사용할 수 있는 기능입니다. 현재 기본 코파일럿을 제외하고 4개의 GPT를 사용할 수 있습니다. 향후에는 챗GPT처럼 유료 Copilot GPTs로 진화할 것으로 예상됩니다.

01　사용할 수 있는 Coilot GPT 목록　　　　　Unit

2024년 7월 현 시점에서 사용할 수 있는 Copilot GPT 목록과 기능에 대한 설명은 다음과 같습니다.

- **Copilot**: 기본적으로 제공되는 코파일럿 기능입니다.
- **Designer**: 빙 이미지 크리에이터를 이용해 이미지를 생성할 수 있습니다. 한국어로 입력할 경우 가끔 이미지를 생성하지 않고 일반 코파일럿처럼 답변하는 경우도 있습니다.
- **Vacation planner**: 여행 일정을 짜거나 숙소 예약 등 여행과 관련된 일을 도와줍니다.
- **Cooking assistant**: 레시피를 찾아주거나 요리 팁, 식사 계획을 세워줍니다.
- **Fitness trainer**: 운동 프로그램을 설계해주고 영양, 건강, 웰빙 등에 대한 정보를 알려줍니다.

02　Fitness trainer를 개인 피트니스 트레이너처럼 활용하기　　　　　Unit

Copilot GPT 중에서 개인적으로 'Fitness trainer'를 가장 잘 활용하고 있습니다. Fitness trainer를 사용하여 코파일럿을 개인 피트니스 트레이너로 사용하는 방법에 대해 소개합니다.

01 [Fitness trainer]를 선택합니다. 제목과 질문 목록 등이 Fitness trainer에 맞게 바뀝니다.

02 마라톤 대회에 참가하기 위한 훈련 계획을 세워보겠습니다. 현재 컨디션과 함께 앞으로의 훈련 계획을 '표'로 만들어달라고 합니다.

> **프롬프트**   3개월 후에 10km 단축 마라톤 대회에 참가할 예정이다. 지금은 5km 정도는 달릴 수 있는 상태다. 일주일에 2번 정도 달릴 수 있다. 나를 위한 훈련 계획을 표로 만들어줘.

03 작성된 표 오른쪽 위에는 아이콘이 있습니다([Excel에서 편집] 아이콘). 이것을 클릭하면 표의 내용이 Online용 Excel에 열리며, 내용을 편집할 수 있습니다.

04 하체 근력 강화를 위한 맞춤형 웨이트 트레이닝 루틴을 짜 보겠습니다.

> **프롬프트**   마라톤을 위한 하체 근력을 강화하고 싶다. 3개월 후에 하프 마라톤, 6개월 후에 풀 코스 마라톤에 참가할 계획이다. 일주일에 3번 시간을 확보할 수 있다. 나를 위한 웨이트 트레이닝 루틴을 표를 이용하여 구체적으로 정리해줘.

05 개인을 위한 웨이트 트레이닝 루틴이 작성되었습니다. 이제 헬스장에서 방황하지 않고 체계적으로 운동하는 데 도움이 될 것 같습니다.

06 운동에서 영양 섭취도 빼놓을 수 없는 요소입니다. 온라인에는 많은 관련 정보가 있지만 일일이 확인하고 정리하려면 시간이 많이 걸립니다. 코파일럿을 활용하면 편리하게 정리할 수 있습니다.

> **프롬프트** 마라톤 참가 준비에는 음식 섭취도 중요하다. 풀코스 대회 참가 3일 전부터 참고할 만한 구체적인 레시피를 표로 정리해줘.

07 식사와 간식, 주의 사항 등에 대한 표가 생성되었습니다.

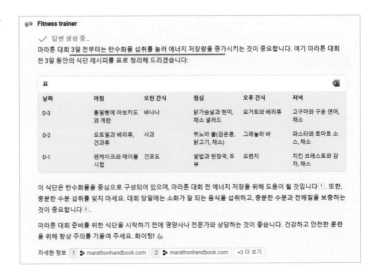

03 Copilot GPT용 프롬프트 예시 Unit

그밖에 Copilot GPT용 프롬프트를 몇 가지 정리해보았습니다. 코파일럿은 아는 만큼 더 잘 쓸 수 있습니다.

GPT	주요 특징
Designer	온라인 Excel 교육 및 컨설팅 사업을 하는 업체의 로고를 만들어줘. 업체 이름은 "iExceller"야.
Vacation planner	친구들과 4박 5일 일정으로 중국 윈난성 일대 여행을 가려고 한다. 여행 계획을 표로 정리해줘.
Cooking assistant	바나나 머핀을 만드는 방법을 알려줘.

09 디자이너를 이용하여 회사 로고 만들기 SECTION

다음은 디자이너(Designer)를 이용하여 작성한 로고 초안입니다. 한글 표현에는 문제가 있지만 코파일럿과 커뮤니케이션을 통해 이미지를 계속 보완할 수 있습니다.

01 Designer GPT를 선택한 다음, 프롬프트를 작성합니다.

> **프롬프트** 온라인 Excel 교육 및 컨설팅 사업을 하는 업체의 로고를 만들어줘. 업체 이름은 "iExceller"야.

02 Enter↵ 키를 누르거나 [제출] 아이콘을 클릭합니다. 일반 이미지를 만들 때와 마찬가지로 4개의 회사 로고가 생성됩니다.

03 로고가 만족스럽지 않다면 프롬프트를 수정하여 계속 보완합니다. 전달하려는 메시지와 선호하는 색상, 스타일 등을 알려주면 결과물의 품질이 향상될 수 있습니다.

프롬프트 온라인 Excel 교육 및 컨설팅 사업을 하는 업체의 로고를 만들고 싶다. 다음 조건을 반영한 회사 로고를 만들어줘. Amazon 회사처럼 심플한 회사 로고 형태를 원한다.

- **업체 이름**: iExceller `Shift` + `Enter↵`
- **전달하고 싶은 메시지**: easy Excel `Shift` + `Enter↵`
- **선호하는 색상, 스타일**: 배경색은 cool tone으로 하고, 아무런 장식이 없이 색상만 표현한다. `Shift` + `Enter↵`
- **전체적으로 미니멀하게 만든다.** `Enter↵`

---

04 아직은 문자 표현 측면에서는 보완이 필요합니다(특히 오타 문제). 아이디어가 떠오르지 않거나 디자이너가 생성한 이미지를 통해 방향성을 결정하는 용도로는 충분한 활용 가치가 있습니다.

10　코파일럿 앱을 100% 활용하기 위한 6가지 팁　SECTION

인공지능이 선풍적인 인기를 끌면서 AI 앱도 넘쳐나고 있습니다. 수많은 AI 앱 중에서 코파일럿 앱은 무료이면서 가장 진보적인 기능을 가진 AI 앱입니다. PC가 아닌 모바일 환경에서 사용할 수 있는 코파일럿 앱에 대해 알아봅니다.

01　모바일 앱 설치 및 기본 사용법　Unit

01 앱 스토어 또는 플레이 스토어에서 'copilot'으로 검색합니다. 비슷한 이름을 가진 유사 앱들이 있으나 코파일럿 로고와 제조회사(Microsoft Corporation)를 확인하면 쉽게 찾을 수 있습니다.

02 앱 설치를 마치고 [Copilot] 앱을 탭하여 실행합니다. 화면 아래쪽의 대화창을 통해 질문을 하면 결과창에 답변이 표시됩니다. 코파일럿 앱에서도 이미지나 음성을 사용하여 코파일럿과 대화할 수 있습니다. 대화창 오른쪽에 있는 아이콘을 탭하면 됩니다.

03 앱 화면 왼쪽 위에 있는 [메뉴] 아이콘(가로 줄 3개)을 탭하면 Copilot GPT를 선택할 수 있습니다. 코파일럿과 나누었던 이전의 대화 목록도 이곳에 나타납니다.

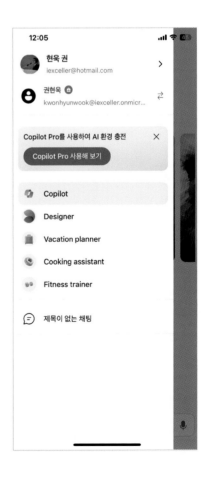

04 앱 화면 오른쪽 위에 있는 [설정] 아이콘(점 3개)을 탭하면 설정창이 나타납니다.

- **새 주제**: 새로운 대화창을 엽니다.
- **플러그 인**: 코파일럿에서 사용할 수 있는 플러그 인 목록이 표시됩니다.
- **Notebook**: 코파일럿 웹 버전에서 사용했던 [전자필기장]을 사용할 수 있습니다.
- **모든 대화 스타일 표시**: [대화 스타일 선택] 옵션을 표시하거나 숨길 수 있습니다.

코파일럿 앱을 사용하는 방법은 웹 버전과 다르지 않습니다. PC 환경에서 사용하는 방법을 알고 있다면 모바일 앱에서도 어려움 없이 사용할 수 있습니다. 웹 버전의 기능을 모바일 환경에 맞게 최적화하고 접근성을 높인 버전이라고 생각하면 되겠습니다.

02 코파일럿 앱 사용 팁 6가지 Unit

> ⚠️ **주의**
>
> 세부 화면 구성이나 메뉴는 마이크로소프트의 내부 사정에 의해 사전 예고 없이 변경될 수 있습니다.

① **GPT-4를 사용하세요**: 코파일럿은 챗GPT를 기반으로 합니다. GPT-3.5는 GPT-3에 비해 많은 부분에서 개선이 되긴 했지만 GPT-4에 비할 수는 없습니다. GPT-4는 GPT-3.5보다 더 강력하고 안정적이며, 복잡한 쿼리도 더 정확하게 처리합니다. 코파일럿 앱에서 [GPT-4 사용하기] 버튼을 탭하여 활성화합니다. GPT-4는 빙(Bing)과 커뮤니케이션을 하기 때문에 GPT-3.5에 비해 응답 속도가 느려질 수 있다는 단점은 있습니다.

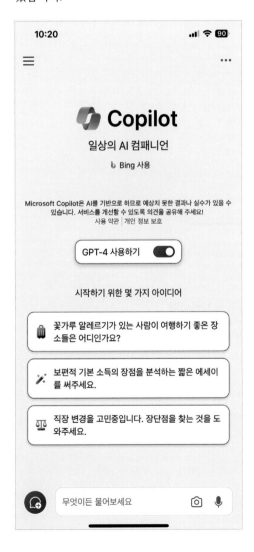

② **적절한 대화 스타일을 선택하세요**: 코파일럿의 기본 대화 스타일은 [보다 균형 있는]으로 설정되어있습니다. 창의성과 정밀성 사이의 균형을 유지합니다. 상황에 따라 코파일럿이 창의적으로 답변하게 할 것인지 아니면 정확하게 답하게 할 것인지 지정할 수 있습니다. 코딩이나 엑셀 수식 작성 같은 정밀도가 필요한 작업은 [보다 정밀한]을, 새로운 관점에서 접근할 필요가 있는 내용에 대해서는 [보다 창의적인]을 선택하면 도움이 됩니다. 대화 스타일은 [모든 대화 스타일 표시] 버튼을 탭하고 선택할 수 있습니다.

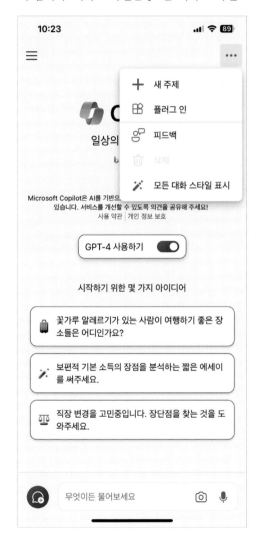

③ **이미지를 사용하여 코파일럿과 채팅해보세요**: 텍스트 프롬프트 외에도 이미지를 사용하여 코파일럿과 채팅할 수 있습니다.

01 코파일럿 앱 대화창 오른쪽에 있는 [카메라] 아이콘을 탭합니다. 카메라로 대화를 나눌 부분을 촬영하거나 이미지 아이콘을 탭하여 업로드할 사진을 선택합니다.

02 앱에 이미지를 업로드하고, 질문을 입력합니다. 잠시 기다리면 코파일럿의 답변을 볼 수 있습니다.

④ **채팅 기록을 지우세요**: 코파일럿은 채팅 기록을 자동으로 저장합니다. 관련 없는 항목을 검색했거나 더 이상 필요 없는 경우 채팅 기록을 지울 수 있습니다.

01 코파일럿 앱 왼쪽 위에 있는 [메뉴] 아이콘(가로 줄 3개)을 탭합니다.

02 계정 사진을 탭합니다.

03 [설정] 창에서 [개인 정보 보호] 버튼을 선택합니다.

04 [개인정보보호] 창에서 [검색 데이터 지우기] 버튼을 탭합니다.

⑤ **코파일럿 테마로 눈 피로도를 줄이세요**: 야간 또는 어두운 환경에서 코파일럿을 많이 사용하거나 눈이 피곤하다면 기본 테마를 어둡게 변경하여 눈의 피로도를 줄일 수 있습니다.

01 코파일럿 앱 왼쪽 위에 있는 [메뉴] 아이콘(가로 줄 3개)을 탭합니다.

02 계정 사진을 탭합니다

03 [설정] 창에서 [테마] 버튼을 탭합니다.

04 [테마] 창에서 [어둡게] 버튼을 선택합니다.

⑥ **캐시 이미지를 지우세요**: 코파일럿에서 이미지로 자주 채팅하거나 시각적 검색을 사용하면 캐시(cache)가 계속 쌓이게 됩니다. 캐시된 이미지와 파일을 삭제하면 스마트폰의 공간을 확보할 수 있습니다.

01 코파일럿 앱 왼쪽 위에 있는 [메뉴] 아이콘(가로 줄 3개)을 탭합니다.

02 계정 사진을 탭합니다.

03 [설정] 창에서 [개인 정보 보호] 버튼을 탭합니다.

04 [개인정보보호] 창에서 [검색 데이터 지우기] 버튼을 탭합니다.

05 [검색 데이터 지우기] 창에서 [캐시된 이미지 및 파일] 항목 오른쪽에 체크 표시를 하고 [지금 데이터 지우기] 버튼을 탭합니다.

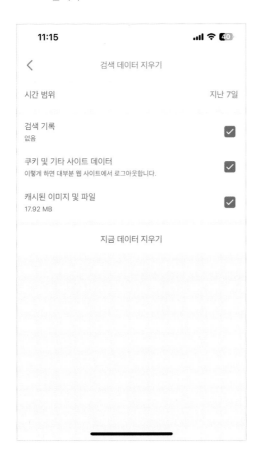

특별 부록 [1] 새로운 Microsoft Excel 함수 활용집

엑셀에는 일일이 열거하기도 힘들 정도로 많은 함수가 있습니다. 엑셀 버전이 올라갈 때마다 새로운 함수들이 추가되어 사용의 편의성을 높여줍니다. 휘하에 어떤 장수들이 있는지 알고 있어야 적재적소에 배치할 수 있듯이 엑셀 함수도 마찬가지입니다.

코파일럿을 이용하면 새로운 함수를 만들어 쓰는 것도 가능하지만 그 전에, 이미 만들어진 함수를 파악해 두는 것이 먼저입니다. 무턱대고 코딩을 하거나 함수를 만들려고 하는 것은 "바퀴를 재발명"하려는 시도처럼 공허한 것이 될 수 있으니까요.

Excel 2019 버전 이후에 새롭게 추가된 함수들을 모두 모았습니다. 어떤 함수들이 있고 무슨 역할을 하는 지 둘러보세요. 그중에서도 활용도가 높은 함수 17개를 엄선하여 활용 방법까지 정리했습니다. 여러분들의 업무에 적극 활용해보세요. 코파일럿과 함께 하는 즐거운 엑셀 체험을 응원합니다!

01. 새로운 Excel 함수 전체 목록 (2019 버전 이후)
- Excel 2019 버전
- Excel 2021 버전
- Microsoft 365 버전

02. 업무 생산성을 한 차원 높여줄 17가지 새로운 Excel 함수
① UNIQUE(2021): 편리한 중복 제거
② SORT(2021): 손쉽게 데이터 정렬
③ FILTER(2021): 동적 데이터 필터링
④ TEXTJOIN: 텍스트를 편리하게 결합
⑤ TEXTSPLIT(M365), TEXTBEFORE(M365), TEXTAFTER(M365): 텍스트 분할, 추출
⑥ TAKE(M365), DROP(M365): 목록 상하단 항목 추출/제거
⑦ CHOOSECOLS, CHOOSEROWS: 필요한 부분만 빠르게 추출하기
⑧ VSTACK(M365), HSTACK(M365): 편리한 데이터 쌓기
⑨ TOCOL(M365), TOROW(M365): 데이터 레이아웃 향상
⑩ XLOOKUP(2021): 고급 데이터 검색
⑪ LET(2021): 수식의 효율성 향상

01   새로운 Excel 함수 전체 목록 (2019 버전 이후)   SECTION

01   Excel 2019 버전   Unit

함수명	설명	사용 형식
CONCAT	여러 문자열을 연결한 텍스트 문자열을 반환합니다. CONCATENATE를 대체하기 위해 추가되었습니다.	CONCAT(텍스트1 [,텍스트2] [..])
IFS	지정한 여러 조건을 기반으로 값을 반환합니다. 중첩 IF 함수를 제거하기 위해 추가되었습니다.	IFS(논리_테스트1, 값_if_true1 [,논리_테스트2, 값_if_true2] [..])
MAXIFS	여러 조건을 충족하는 숫자 목록 또는 배열에서 가장 큰 값을 반환합니다.	MAXIFS(최대_범위, 기준_범위1, 기준1 [,기준_범위2, 기준2] [..])
MINIFS	여러 조건을 충족하는 숫자 목록 또는 배열에서 가장 작은 값을 반환합니다.	MINIFS(최소 범위, 기준_범위1, 기준1 [,기준_범위2, 기준2] [..])
SWITCH	정확히 일치하는 목록을 기반으로 값을 반환합니다. 최대 126개(값 및 결과)를 사용할 수 있습니다.	SWITCH(식, 값1, 결과1 [,값2, 결과2] [,기본값])
TEXTJOIN	여러 문자열을 연결한 텍스트 문자열을 반환합니다. 최대 252개의 텍스트 인수를 사용할 수 있습니다.	TEXTJOIN(구분자, 빈셀 무시 여부, 텍스트1 [,텍스트2] [..])

02   Excel 2021 버전   Unit

함수명	설명	사용 형식
FILTER	여러 조건을 만족하는 데이터를 필터링한 후 배열을 반환합니다.	FILTER(배열,포함 [,if_empty])
LET	변수를 사용할 수 있는 수식의 결과를 반환합니다. 최대 126개의 쌍을 사용할 수 있습니다.	LET(이름1, 이름_값1, 계산 [,이름_값2] [,계산] [..])
RANDARRAY	0과 1 사이의 난수 배열을 반환합니다.	RANDARRAY([행] [,열] [,min] [,max] [,integer])
SEQUENCE	연속된 숫자의 배열을 반환합니다.	SEQUENCE(행 [,열] [,시작] [,단계])

SORT	하나의 열을 기준으로 정렬된 데이터 배열을 반환합니다.	SORT(배열 [,sort_index] [,sort_order] [,by_col])
SORTBY	여러 열을 기준으로 정렬된 데이터 배열을 반환합니다.	SORTBY(배열, by_array1 [,sort_order1] [,by_array2] [,sort_order2] [..])
UNIQUE	목록, 표 또는 셀 범위에 있는 고유 값의 배열을 반환합니다.	UNIQUE(배열 [,by_col] [,exactly_once])
XLOOKUP	임의의 열에서 일치하는 값을 찾은 후 동일한 행의 값을 반환합니다.	XLOOKUP(조회_값, 조회_배열, 반환_배열 [,not_found] [,일치_모드] [,검색_모드])
XMATCH	목록, 표 또는 셀 범위에서 값의 위치를 반환합니다.	XMATCH(조회_값, 조회_배열 [,일치_모드] [,검색_모드])

---

03   마이크로소프트 365 버전 `Unit`

일부 함수는 마이크로소프트 365 참가자(Microsoft 365 Insiders)에게만 제공되므로, 그 외 사용자에게는 표시되지 않을 수 있습니다.

함수명	설명	사용 형식
ARRAYTOTEXT	텍스트로 변환된 배열 또는 셀 범위의 내용을 반환합니다.	ARRAYTOTEXT(배열 [,형식])
BYCOL	배열의 각 열에 LAMBDA 함수를 적용한 결과를 반환합니다.	BYCOL(배열, 람다(열))
BYROW	배열의 각 행에 LAMBDA 함수를 적용한 결과를 반환합니다.	BYROW(배열, 람다(행))
CHOOSECOLS	특정 개수의 열만 포함된 배열을 반환합니다.	CHOOSECOLS(배열, col_num1 [, col_num2] [..])
CHOOSEROWS	특정 개수의 행만 포함된 배열을 반환합니다.	CHOOSEROWS(배열, 행_숫자1 [,행_숫자2] [..])
DROP	특정 행이나 열이 없는 배열을 반환합니다.	DROP(배열, 행 [,열])
EXPAND	특정 차원으로 확장되거나 채워진 배열을 반환합니다.	EXPAND(배열, 행 [,열] [,pad_with])
FIELDVALUE	주식 또는 지리 연결 데이터 유형의 필드 데이터를 반환합니다.	FIELDVALUE(값, 필드_이름)

GROUPBY	한 축을 따라 데이터 그룹화를 반환하고 관련 값을 집계합니다.	GROUPBY(row_fields, 값, 함수 [,field_headers] [,total_length] [,sort_order] [,filter_array])
HSTACK	두 배열을 수평으로 순서대로 결합한 후 배열을 반환합니다.	HSTACK(배열1 [,배열2] [..])
IMAGE	웹 URL에서 이미지를 반환합니다.	IMAGE(소스 [,alt_text] [,크기 조정] [,높이] [,너비])
ISOMITTED	LAMBDA의 값이 누락되었는지 여부에 따라 True 또는 False 값을 반환합니다.	ISOMITTED(인수)
LAMBDA	명명된 범위로 추가된 수식의 결과를 반환합니다.	LAMBDA(param_or_calc1 [,param_or_calc2])
MAKEARRAY	LAMBDA 함수를 적용하여 계산된 배열을 반환합니다.	MAKEARRAY(행, 열, 람다(행, 열))
MAP	LAMBDA 함수를 사용하여 맵을 적용하여 형성된 배열을 반환합니다.	MAP(배열1, [배열2,] 람다)
PIVOTBY	두 축을 따라 데이터 그룹화를 반환하고 관련 값을 집계합니다.	PIVOTBY(row_fields ,col_fields ,values ,function [,field_headers] [,row_total_length] [,row_sort_order] [,col_total_length] [,col_sort_order] [,filter_array])
PY	Python 편집기에서 코드를 실행한 후 값이나 개체를 반환합니다.	PY(python_code, return_type)
REDUCE	LAMBDA 함수를 적용하여 배열을 줄인 후 총 값을 반환합니다.	REDUCE([초기_값], 배열, 람다(누산기, 값))
SCAN	각 값에 LAMBDA 함수를 적용한 후 배열을 반환합니다.	SCAN([초기_값], 배열, 람다(누산기, 값))
STOCKHISTORY	금융 상품에 대한 과거 데이터를 반환합니다.	STOCKHISTORY(재고, 시작일 [,종료일] [,간격] [,헤더] [,속성] [..])
TAKE	배열의 특정 행과 열의 교차점을 반환합니다.	TAKE(배열, 행 [,열])
TEXTAFTER	구분 기호 뒤의 텍스트 문자열 끝부터 문자를 반환합니다.	TEXTAFTER(텍스트, 구분 기호 [,instance_num] [,match_mode] [,match_end] [,not_found])
TEXTBEFORE	구분 기호 앞의 텍스트 문자열 시작 부분부터 문자를 반환합니다.	TEXTBEFORE(텍스트, 구분 기호 [,instance_num] [,match_mode] [,match_end] [,not_found])

TEXTSPLIT	구분 기호를 사용하여 여러 열로 분할된 텍스트 문자열을 반환합니다.	TEXTSPLIT(input_text [,col_delimiter] [,row_delimiter] [,ignore_empty] [,pad_with])
TOCOL	단일 열로 변환된 배열을 반환합니다.	TOCOL(배열 [,무시] [,scan_by_column])
TOROW	단일 행으로 변환된 배열을 반환합니다.	TOROW(배열 [,무시] [,scan_by_column])
VALUETOTEXT	지정된 값의 텍스트를 반환합니다.	VALUETOTEXT(값 [,형식])
VSTACK	두 배열을 수직으로 순서대로 결합한 후 배열을 반환합니다.	VSTACK(배열1 [,배열2] [..])
WRAPCOLS	여러 열로 변환된 배열을 반환합니다.	WRAPCOLS(벡터, Wrap_count [,pad_with])
WRAPROWS	여러 행으로 변환된 배열을 반환합니다.	WRAPROWS(벡터, Wrap_count [,pad_with])

02 업무 생산성을 한 차원 높여줄 17가지 새로운 Excel 함수 SECTION

⦿ **예제 파일**: 예제\특별 부록\새로운 엑셀 함수.xlsx

① UNIQUE(2021): 편리한 중복 제거

UNIQUE 함수는 데이터에서 중복 항목을 편리하게 제거합니다. [고급 필터]나 [중복된 항목 제거] 명령을 통해서도 중복 항목을 제거할 수 있지만 UNIQUE 함수로도 해결할 수 있습니다.

A열에는 영어 단어가 있으며 일부는 중복됩니다. UNIQUE 함수를 사용하면 중복 단어를 제외한 고유 항목만 추출할 수 있습니다.

```
=UNIQUE(B4:B33)
```

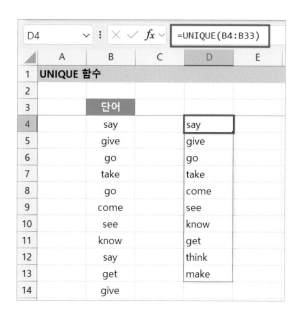

② SORT(2021): 손쉽게 데이터 정렬

SORT는 데이터를 오름차순이나 내림차순으로 정렬해주는 함수입니다. 사용 방법은 매우 간단합니다. 정리하려는 데이터 범위만 지정하면 되니까요.

```
=SORT(B4:B33)
```

	A	B	C	D	E	F
	D4			=SORT(B4:B33)		
1	SORT 함수					
2						
3		단어		SORT		
4		say		come		
5		give		come		
6		go		come		
7		take		get		
8		go		get		
9		come		get		
10		see		give		
11		know		give		
12		say		give		
13		get		go		
14		give		go		

SORT 함수를 UNIQUE 함수와 조합하면 중복 없는 고유한 항목의 데이터 목록을 만들 수 있습니다.

```
=SORT(UNIQUE(B4:B33))
```

	A	B	C	D	E	F	G
	F4					=SORT(UNIQUE(B4:B33))	
1	SORT 함수						
2							
3		단어		SORT		UNIQUE+SORT	
4		say		come		come	
5		give		come		get	
6		go		come		give	
7		take		get		go	
8		go		get		know	
9		come		get		make	
10		see		give		say	
11		know		give		see	
12		say		give		take	
13		get		go		think	
14		give		go			
15		take		go			

데이터 목록을 내림차순으로 표시하려면 sort_order 인수를 -1로 지정합니다.

=SORT(UNIQUE(B4:B33),,-1)

	A	B	C	D	E	F	G
	F4		fx	=SORT(UNIQUE(B4:B33),,-1)			
1	SORT 함수						
2							
3		단어		SORT		UNIQUE+SORT	
4		say		come		think	
5		give		come		take	
6		go		come		see	
7		take		get		say	
8		go		get		make	
9		come		get		know	
10		see		give		go	
11		know		give		give	
12		say		give		get	
13		get		go		come	
14		give		go			
15		take		go			

③ FILTER(2021): 동적 데이터 필터링

데이터가 방대할 경우 관련된 정보를 빠르게 필터링하는 방법을 아는 것은 중요합니다. [필터] 기능을 통해 해결할 수도 있지만 FILTER 함수는 [필터] 기능이 제공할 수 없는 유연함을 제공합니다.

데이터 범위에서 '수량'이 120 이상인 데이터를 필터하려면 다음 수식을 사용합니다.

=FILTER(B4:C33,C4:C33>=120)

	A	B	C	D	E	F	G
	E4		fx	=FILTER(B4:C33,C4:C33>=120)			
1	FILTER 함수						
2							
3		제품코드	수량		제품코드	수량	
4		C0004	76		C0013	122	
5		C0013	122		C0007	133	
6		A0001	115		C0006	145	
7		C0007	133		B0002	130	
8		C0006	145		A0002	146	
9		B0008	65		B0003	139	
10		C0010	95		A0003	147	
11		C0005	61		B0006	121	
12		B0007	91				
13		C0002	86				

FILTER는 독립적으로 사용할 수도 있지만 다른 함수와 함께 사용하면 더욱 강력하고 효율적으로 데이터 분석을 할 수 있습니다. 예를 들어 데이터를 필터하는 동시에 내림차순으로 정렬할 수 있습니다.

```
=SORT(CHOOSECOLS(FILTER(B4:C33,C4:C33>=120),1,2),2,-1)
```

H4		fx	=SORT(CHOOSECOLS(FILTER(B4:C33,C4:C33>=120),1,2),2,-1)						
	A	B	C	D	E	F	G	H	I	J
1	FILTER 함수									
2										
3		제품코드	수량		제품코드	수량		제품코드	수량	
4		C0004	76		C0013	122		A0003	147	
5		C0013	122		C0007	133		A0002	146	
6		A0001	115		C0006	145		C0006	145	
7		C0007	133		B0002	130		B0003	139	
8		C0006	145		A0002	146		C0007	133	
9		B0008	65		B0003	139		B0002	130	
10		C0010	95		A0003	147		C0013	122	
11		C0005	61		B0006	121		B0006	121	
12		B0007	91							
13		C0002	86							

④ TEXTJOIN: 텍스트를 편리하게 결합

여러 셀에 있는 문자열을 통합하는 것은 다양한 경우에 사용될 수 있습니다. TEXTJOIN 함수를 사용하면 서로 다른 셀이나 범위의 텍스트를 다양한 구분 기호를 지정하여 결합할 수 있습니다.

B열에 있는 데이터를 하나의 셀에 합치려면 다음과 같이 합니다.

```
=TEXTJOIN("",TRUE,B4:B13)
```

E4		fx	=TEXTJOIN("",TRUE,B4:B13)		
	A	B	C	D	E	F
1	TEXTJOIN 함수					
2						
3		데이터 1	데이터 2			
4		갑	갑자		갑을병정무기경신임계	
5		을	을축			
6		병	병인			

단음절이 아닌 경우 텍스트를 그냥 합치니까 혼란스럽군요. 구분자를 지정하여 연결하면 가독성을 높일 수 있습니다.

E7	▾	⋮	×	✓	*fx* ▾	=TEXTJOIN(", ",TRUE,C4:C13)		
▲	A	B	C	D	E	F	G	H
1	**TEXTJOIN 함수**							
2								
3		**데이터 1**	**데이터 2**					
4		갑	갑자		갑을병정무기경신임계			
5		을	을축					
6		병	병인		갑자을축병인정묘무진기사경오신미임신계유			
7		정	정묘		갑자, 을축, 병인, 정묘, 무진, 기사, 경오, 신미, 임신, 계유			
8		무	무진					
9		기	기사					

⑤ TEXTSPLIT(M365), TEXTBEFORE(M365), TEXTAFTER(M365): 텍스트 분할, 추출

구조화되지 않았거나 합쳐져 있는 텍스트로 추가 분석 작업을 하려면 정보를 별도의 열로 분할해야 하는 경우가 많습니다. [텍스트 나누기] 기능을 사용할 수도 있지만 이제 TEXTSPLIT 함수를 사용해보세요. 더욱 유연하고 편리하게 처리할 수 있습니다.

B4 셀의 데이터를 공백 문자열을 기준으로 각 셀로 분리하는 수식입니다.

```
=TEXTSPLIT(B4," ")
```

D4	▾	⋮	×	✓	*fx* ▾	=TEXTSPLIT(B4," ")			
▲	A	B	C	D	E	F	G	H	I
1		**TEXTSPLIT 함수**							
2									
3		**품목**							
4		더블 초콜릿 칩 프라푸치노		더블	초콜릿	칩	프라푸치노		
5		카라멜 마키아토 프라푸치노		카라멜	마키아토	프라푸치노			
6		바닐라 빈 크림 프라푸치노		바닐라	빈	크림	프라푸치노		
7		스트로베리 크림 프라푸치노		스트로베리	크림	프라푸치노			
8		초콜릿 크림 칩 프라푸치노		초콜릿	크림	칩	프라푸치노		
9		에스프레소 프라푸치노		에스프레소	프라푸치노				
10		허니 알몬드 밀크 플랫 화이트		허니	알몬드	밀크	플랫	화이트	
11		아이스 카라멜 마키아토		아이스	카라멜	마키아토			
12		아이스 화이트 초콜릿 모카		아이스	화이트	초콜릿	모카		
13		루비 그레이프프루트 & 티 레몬네이드		루비	그레이프프&	티	레몬네이드		
14									

TEXTBEFORE 함수를 사용하면 특정한 구분자를 기준으로 앞쪽에 있는 문자열을 쉽게 추출할 수 있습니다.

```
=TEXTBEFORE(C4,"@")
```

E4	⋮ ✕ ✓ *fx*	=TEXTBEFORE(C4,"@")					
	A	B	C	D	E	F	G
1		**TEXTBEFORE, TEXTAFTER 함수**					
2							
3		이름	이메일		아이디	도메인	
4		김소미	nancy@northwind.com		nancy		
5		김덕훈	andrew@iexceller.com		andrew		
6		윤대현	jan@microsoft.com		jan		
7		최소라	mariya@amazon.com		mariya		
8		안정훈	steven@sec.com		steven		
9		김찬진	michael@gmail.com		michael		
10		오영수	robert@lge.com		robert		
11		선하라	laura@abc.com		laura		
12		유가을	anne@iexceller.com		anne		
13							

특정 구분자 뒤의 문자열을 추출하려면 TEXTAFTER 함수를 사용합니다.

```
=TEXTAFTER(C4,"@")
```

F4	⋮ ✕ ✓ *fx*	=TEXTAFTER(C4,"@")					
	A	B	C	D	E	F	G
1		**TEXTBEFORE, TEXTAFTER 함수**					
2							
3		이름	이메일		아이디	도메인	
4		김소미	nancy@northwind.com		nancy	northwind.com	
5		김덕훈	andrew@iexceller.com		andrew	iexceller.com	
6		윤대현	jan@microsoft.com		jan	microsoft.com	
7		최소라	mariya@amazon.com		mariya	amazon.com	
8		안정훈	steven@sec.com		steven	sec.com	
9		김찬진	michael@gmail.com		michael	gmail.com	
10		오영수	robert@lge.com		robert	lge.com	
11		선하라	laura@abc.com		laura	abc.com	
12		유가을	anne@iexceller.com		anne	iexceller.com	
13							

⑥ TAKE(M365), DROP(M365): 목록 상하단 항목 추출/제거

긴 목록 중에서 처음 또는 마지막 몇 개 품목만 빠르게 선택해야 하는 경우가 있습니다. TAKE나 DROP 함수를 이용하면 목록의 상단이나 하단에서 해당 항목을 쉽게 선택(또는 제거)할 수 있습니다.

테이블에서 처음 5개 행만 가지고 오는 수식입니다.

```
=TAKE(B4:E53,5)
```

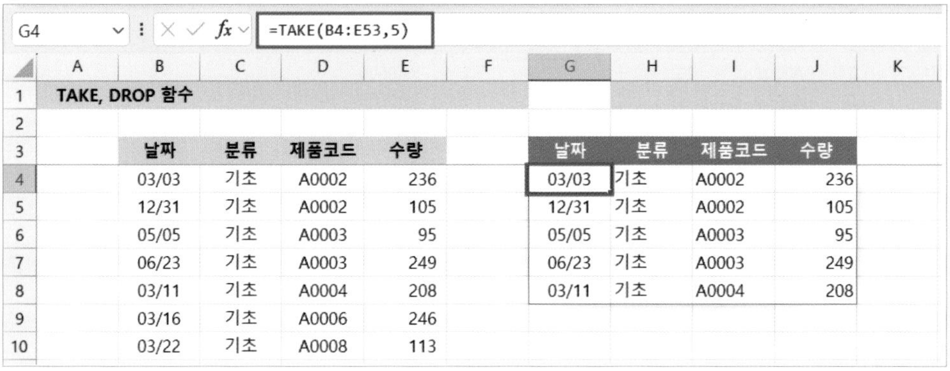
G4 =TAKE(B4:E53,5)

	A	B	C	D	E	F	G	H	I	J	K
1	TAKE, DROP 함수										
2											
3		날짜	분류	제품코드	수량		날짜	분류	제품코드	수량	
4		03/03	기초	A0002	236		03/03	기초	A0002	236	
5		12/31	기초	A0002	105		12/31	기초	A0002	105	
6		05/05	기초	A0003	95		05/05	기초	A0003	95	
7		06/23	기초	A0003	249		06/23	기초	A0003	249	
8		03/11	기초	A0004	208		03/11	기초	A0004	208	
9		03/16	기초	A0006	246						
10		03/22	기초	A0008	113						

테이블의 마지막 3개 행만 가지고 오는 수식입니다. columns 인수를 음수값으로 지정하면 됩니다.

```
=TAKE(B4:E53,-3)
```

마지막 3개 열 중에서 왼쪽 2개 열만 가지고 올 수도 있습니다.

```
=TAKE(B4:E53,-3,2)
```

TAKE를 SORT 함수와 조합하여 다양한 용도로 활용할 수 있습니다. 예를 들어, E열의 수량을 기준으로 상위 3개의 값을 가지고 오는 수식입니다.

=TAKE(SORT(B4:E53,4,-1),3)

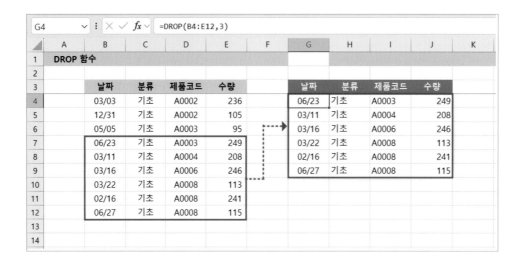

DROP은 TAKE 함수와 반대 기능을 수행합니다. 즉, TAKE는 해당 조건의 데이터를 가져오는 반면, DROP은 버리고 나머지를 남깁니다. 사용 방법은 거의 같습니다.

=DROP(B4:E12,3)

⑦ CHOOSECOLS, CHOOSEROWS: 필요한 부분만 빠르게 추출하기

품목별/월별 실적 테이블이 있습니다. 데이터 중에서 1분기, 2분기, 상반기 데이터만 필요하다면 어떻게 해야
할까요? 다음과 같이 CHOOSECOLS 함수를 사용합니다.

=CHOOSECOLS(B4:K16,1,5,9,10)

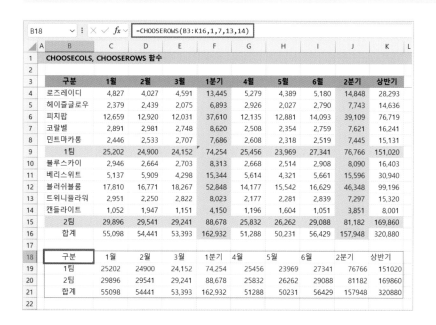

행 방향에 대해서도 가능합니다. CHOOSEROWS 함수를 사용하며, 사용 방법은 CHOOSECOLS와 동일합니다.

=CHOOSEROWS(B3:K16,1,7,13,14)

⑧ VSTACK(M365), HSTACK(M365): 편리한 데이터 쌓기

여러 시트나 분산된 영역에 있는 데이터를 통합하는 것은 시간이 많이 걸리고 오류가 발생하기 쉬운 작업입니다. VSTACK이나 HSTACK 함수를 사용하면 데이터 배열이나 범위를 수평/수직으로 쌓아서 데이터를 통합할 수 있습니다.

두 개의 테이블을 열 방향으로 쌓으려면 VSTACK 함수를 사용합니다. 여기서 'Vertical'(세로)을 뜻합니다.

```
=VSTACK(B4:E8,G4:J8)
```

구분	1월	2월	3월		구분	1월	2월	3월		구분	1월	2월	3월
로즈레이디	4,827	4,027	4,591		블루스카이	2,946	2,664	2,703		로즈레이디	4,827	4,027	4,591
헤이즐글로우	2,379	2,439	2,075		베리스위트	5,137	5,909	4,298		헤이즐글로우	2,379	2,439	2,075
피치팝	12,659	12,920	12,031		블러쉬블룸	17,810	16,771	18,267		피치팝	12,659	12,920	12,031
코랄벨	2,891	2,981	2,748		트위니플라워	2,951	2,250	2,822		코랄벨	2,891	2,981	2,748
민트마카롱	2,446	2,533	2,707		캔들라이트	1,052	1,947	1,151		민트마카롱	2,446	2,533	2,707
										블루스카이	2,946	2,664	2,703
										베리스위트	5,137	5,909	4,298
										블러쉬블룸	17,810	16,771	18,267
										트위니플라워	2,951	2,250	2,822
										캔들라이트	1,052	1,947	1,151

테이블이 다른 시트나 파일에 있더라도 잘 작동합니다. 파워 쿼리 같은 복잡한 도구를 사용하지 않아도 되며 매우 편리합니다.

VSTACK만큼 많이 쓰이지는 않지만 가로 방향으로 데이터를 누적할 수 있으며 HSTACK 함수를 사용합니다. 사용 방법은 동일합니다('H'는 'Horizontal'을 의미합니다).

```
=HSTACK(B4:E8,G4:J8)
```

	B11		fx	=HSTACK(B4:E8,G4:J8)					
	A	B	C	D	E	F	G	H	I	J

	A	B	C	D	E	F	G	H	I	J
1	CHOOSECOLS, CHOOSEROWS 함수									
2										
3		구분	1월	2월	3월		구분	1월	2월	3월
4		로즈레이디	4,827	4,027	4,591		블루스카이	2,946	2,664	2,703
5		헤이즐글로우	2,379	2,439	2,075		베리스위트	5,137	5,909	4,298
6		피치팝	12,659	12,920	12,031		블러쉬블룸	17,810	16,771	18,267
7		코랄벨	2,891	2,981	2,748		트위니플라워	2,951	2,250	2,822
8		민트마카롱	2,446	2,533	2,707		캔들라이트	1,052	1,947	1,151
9										
10										
11		로즈레이디	4827	4027	4,591	블루스카이	2946	2664	2703	
12		헤이즐글로우	2379	2439	2,075	베리스위트	5137	5909	4298	
13		피치팝	12659	12920	12,031	블러쉬블룸	17810	16771	18267	
14		코랄벨	2891	2981	2,748	트위니플라	2951	2250	2822	
15		민트마카롱	2446	2533	2,707	캔들라이트	1052	1947	1151	
16										

⑨ TOCOL(M365), TOROW(M365): 데이터 레이아웃 향상

데이터 목록이 여러 행이나 열에 분산되어있으면 데이터를 선택하거나 분석 작업을 할 때 불편할 수 있습니다. TOCOL이나 TOROW 함수를 사용하면 분산되어있는 항목을 하나의 행이나 열에 쉽게 표시할 수 있습니다.

TOCOL 함수를 사용하면 A:C 열에 분산되어있는 데이터를 간단하게 하나의 열에 표시할 수 있습니다.

```
=TOCOL(B4:D14,1)
```

	F4		fx	=TOCOL(B4:D14,1)		

	A	B	C	D	E	F	G
1	TOCOL, TOROW 함수						
2							
3		단어	단어	단어			
4		say	give	say		say	
5		give	take	go		give	
6		go	think	come		say	
7		take	make	get		give	
8		go	see	get		take	
9		come	know	think		go	
10		see	make	think		go	
11		know	make	take		think	
12		say	give	see		come	
13		get	know			take	

수식 마지막의 1은 각 열의 데이터 크기 차이로 인해 발생하는 공백을 무시하기 위한 인수입니다. '=TOCOL(B4:D14)' 수식의 결과와 비교해보세요.

다른 함수와 조합하면 더욱 다양한 기능을 수행합니다. 중복을 제외하고 데이터를 한 줄로 통합하려면 다음 수식을 사용합니다.

```
=UNIQUE(TOCOL(B4:D14,1))
```

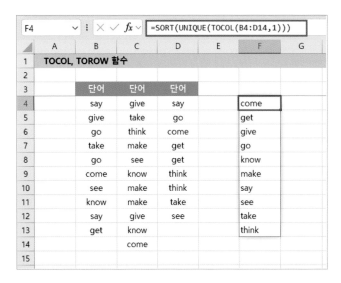

여기에 더하여 데이터를 정렬할 수도 있습니다.

```
=SORT(UNIQUE(TOCOL(B4:D14,1)))
```

TOROW 함수를 이용하면 가로 방향으로 표시할 수 있습니다. 다음 수식에서 TRUE는 데이터가 열 방향으로 배치되어있음을 알려주는 역할을 합니다.

```
=UNIQUE(TOROW(B4:D14,1),TRUE)
```

B16			fx	=UNIQUE(TOROW(B4:D14,1),TRUE)							
	A	B	C	D	E	F	G	H	I	J	K	L
1	**TOCOL, TOROW 함수**											
2												
3		단어	단어	단어								
4		say	give	say		come						
5		give	take	go		get						
6		go	think	come		give						
7		take	make	get		go						
8		go	see	get		know						
9		come	know	think		make						
10		see	make	think		say						
11		know	make	take		see						
12		say	give	see		take						
13		get	know			think						
14			come									
15												
16		say	give	take	go	think	come	make	get	see	know	
17												

⑩ XLOOKUP(2021): 고급 데이터 검색

대규모 데이터에서 특정한 정보를 검색하는 것은 Excel에서 빈번하게 수행하는 작업입니다. 가로 또는 세로 방향에서 값을 검색해서 일치하는 결과를 구해주는 XLOOKUP은 VLOOKUP 함수의 업그레이드 버전이라고 할 수 있습니다.

VLOOKUP은 찾을 값의 왼쪽에 있는 정보는 참조할 수 없습니다. 다음 예에서와 같이 '이름'은 '사번' 왼쪽에 있기 때문에 가지고 올 수 없지만 XLOOKUP은 가능합니다.

```
=XLOOKUP(G4,E4:E52,C4:C52)
```

H4			× √ fx	=XLOOKUP(G4,E4:E52,C4:C52)				
	A	B	C	D	E	F	G	H	I
1	**XLOOKUP 함수**								
2									
3		**부서명**	**이름**	**직급**	**사번**		**사번**	**이름**	
4		기획팀	최한길	사원	A08501		A09136	박수영	
5		영업3팀	박현우	과장	A04189				
6		기획팀	최종혁	차장	A05510				
7		총무팀	정주희	대리	A01213				
8		영업지원팀	박수영	사원	A09136				
9		영업3팀	이남중	과장	A03012				
10		법인영업팀	권준우	사원	A03730				
11		인사팀	김지현	사원	A08453				
12		영업3팀	최혜주	차장	A07971				

⑪ LET(2021): 수식의 효율성 향상

복잡한 Excel 수식을 사용할 때, 수식 내에서 여러 번 반복되는 부분이 있을 수 있습니다. LET 함수는 이런 부분에 이름을 할당하여 수식을 더욱 효율적이고 이해하기 쉽게 만들어줍니다. LET 함수는 계산을 최소화하여 수식의 성능을 향상시킬 뿐만 아니라 수식을 읽기 쉽고 유지 관리하기에도 편하게 만들어줍니다. 코딩에서 사용하는 변수의 역할과 비슷한 기능을 수행합니다.

품목별 단가표가 있습니다. 단가가 4,500원 이상인 품목에 대해서는 10% 할인 프로모션을 진행하려고 합니다. 할인단가를 구하려면 VLOOKUP을 사용하여 단가를 구하고(F4셀), 그 결과에 IF 함수를 적용(G4셀)하여 산출할 수 있습니다.

```
F4:  =VLOOKUP(E4,B4:C13,2,FALSE)
```

```
G4:  =IF(F4>=4500,F4*0.9,F4)
```

| G4 | ✓ : × ✓ *fx* ✓ | =IF(F4>=4500,F4*0.9,F4) |

	A	B	C	D	E	F	G	H
1		LET 함수						
2								
3		품목	단가		품목	단가	할인단가	
4		콜드 브루	3,500		화이트초콜릿 모카	4,800	4,320	
5		바닐라 크림 브루	4,300					
6		유기농 말차 라떼	4,500					
7		바닐라 라떼	4,200					
8		아메리카노	3,000					
9		에스프레소	3,000					
10		화이트초콜릿 모카	4,800					
11		제주 유기농 녹차	5,000					
12		딸기 요거트	4,800					
13		망고 바나나	4,000					
14								

함수에 어느 정도 자신이 있는 분이라면 하나의 셀에서 해결할 수도 있습니다.

```
=IF(VLOOKUP(E7,B4:C13,2,FALSE)>=4500,VLOOKUP(E7,B4:C13,2,FALSE)*0.9,VLOOKUP(E7,B4:C13,2,FALSE))
```

| F7 | ✓ : × ✓ *fx* ✓ | =IF(VLOOKUP(E7,B4:C13,2,FALSE)>=4500,VLOOKUP(E7,B4:C13,2,FALSE)*0.9,VLOOKUP(E7,B4:C13,2,FALSE)) |

	A	B	C	D	E	F	G	H	I	J	K	L
1		LET 함수										
2												
3		품목	단가		품목	단가	할인단가					
4		콜드 브루	3,500		화이트초콜릿 모카	4,800	4,320					
5		바닐라 크림 브루	4,300									
6		유기농 말차 라떼	4,500		품목	할인단가						
7		바닐라 라떼	4,200		화이트초콜릿 모카	4,320						
8		아메리카노	3,000									
9		에스프레소	3,000									
10		화이트초콜릿 모카	4,800									
11		제주 유기농 녹차	5,000									
12		딸기 요거트	4,800									
13		망고 바나나	4,000									
14												
15												

무엇이건 중복되는 것이 있으면 효율이 떨어지게 마련입니다. 수식의 경우에도 마찬가지입니다. 위 수식에서는 'VLOOKUP(E7,B4:C13,2,FALSE)' 이 부분이 3번이나 반복됩니다. LET 함수를 사용하면 단순하게 표현할 수 있습니다.

```
=LET(p,VLOOKUP(E7,B4:C13,2,FALSE),IF(p>=4500,p*0.9,p))
```

| F9 | | : × ✓ *fx* ✓ | =LET(p,VLOOKUP(E7,B4:C13,2,FALSE),IF(p>=4500,p*0.9,p)) |

	A	B	C	D	E	F	G	H
1		LET 함수						
2								
3		**품목**	**단가**		**품목**	**단가**	**할인단가**	
4		콜드 브루	3,500		화이트초콜릿 모카	4,800	4,320	
5		바닐라 크림 브루	4,300					
6		유기농 말차 라떼	4,500		**품목**	**할인단가**		
7		바닐라 라떼	4,200		화이트초콜릿 모카	4,320		
8		아메리카노	3,000					
9		에스프레소	3,000			4,320		
10		화이트초콜릿 모카	4,800					
11		제주 유기농 녹차	5,000					
12		딸기 요거트	4,800					
13		망고 바나나	4,000					
14								
15								

p라는 변수에 수식(VLOOKUP(E7,B4:C13,2,FALSE)을 담아두고, 필요할 때마다 변수를 반복 적용하는 형태입니다. 여기서는 변수를 하나만 적용했지만 여러 개를 사용할 수도 있습니다. LET 함수를 사용하면 수식을 단순하게 표현할 수 있을 뿐만 아니라 대용량 파일인 경우 실행 속도도 빨라집니다.

특별 부록 [2]　코파일럿 프롬프트 활용집
다른 생성형 AI에도 적용할 수 있는 프롬프트 250개 수록

생성형 AI를 제대로 활용하기 위해서는 제대로 질문하는 것이 무엇보다 중요합니다. "아무리 뛰어난 생성형 AI가 나온다 하더라도 우리는 자신이 작성 가능한 질문 수준만큼만 그 수혜를 누릴 수 있다"는 말이 나오는 건 그 때문입니다.

코파일럿을 100% 활용할 수 있게 해줄 분야별 프롬프트 250개를 망라했습니다. 비즈니스 글쓰기, 마케팅, 영업, 커뮤니케이션 등 주요 영역에서 사용할 수 있는 프롬프트를 정리했습니다. 코파일럿뿐만 아니라 다른 생성형 AI에서도 적용할 수 있습니다.

01. 비즈니스 글쓰기 관련 프롬프트(28개)

02. 마케팅 관련 프롬프트(35개)

03. 시장조사 관련 프롬프트(23개)

04. 아이디어 도출을 위한 프롬프트(34개)

05. 영업 & 프로모션 관련 프롬프트(28개)

06. 이메일 작성을 위한 프롬프트(27개)

07. 효과적인 커뮤니케이션을 위한 프롬프트(24개)

08. 각종 콘텐츠 생성을 위한 프롬프트(24개)

09. 각종 학습을 위한 프롬프트(27개)

01 비즈니스 글쓰기 관련 프롬프트 (28개) SECTION

1   [청구 문의]를 처리하기 위한 고객 서비스 스크립트를 만들어줘.

2   [제품 또는 서비스]와 관련된 고객 불만에 대한 소셜 미디어 응답을 작성해.

3   이 고객 [리뷰 또는 의견]에 대한 피드백을 어떻게 처리할 수 있을까? [사례 삽입]

4   이 [회사 또는 브랜드 등] 블로그 댓글에 대한 응답을 작성해. [댓글 삽입]

5   [주제 삽입]에 관한 블로그 게시물에 대한 소개를 작성해.

6   YouTube 채널의 [주제 삽입]에 대한 단계별 튜토리얼 비디오 스크립트를 작성해.

7   [주제]에 대한 백서를 작성해. 전체 분량은 [단어 수]개 이하로 해줘.

8   [키워드]를 타기팅하는 캠페인에 대한 설득력 있는 광고 문구를 작성해.

9   [정보]를 사용하여 [제품 또는 서비스]에 대한 60초 분량의 YouTube 스크립트를 작성해.

10 화장품 매장의 개업 3주년을 축하하는 메시지를 써줘. 그곳의 서비스와 분위기를 칭찬하고, 고객 입장에서 고마움을 전하는 표현을 담아줘.

11 [주제]의 YouTube 영상 제작에 사용할 수 있는 스크립트를 알려줘.

12 이 블로그에서 철자 및 문법 오류를 확인해. [텍스트 삽입]

13 다음 기사에 대한 간략한 요약을 작성해. [텍스트 삽입]

14 [제품명 삽입]의 장단점 목록을 작성해.

15 [제품명 삽입]을 광고하기 위한 동영상 광고용 스크립트를 작성해.

16 [세품, 서비스 또는 프로모션 등]을 알리는 보도자료를 작성해.

17 [제품 또는 서비스]를 홍보하는 소셜 미디어 게시물을 작성해.

18 [주제]와 관련하여 다가오는 [행사명]을 홍보하는 링크드인(LinkedIn) 게시물을 작성해.

19 [제품, 서비스 또는 프로모션]을 홍보하는 Facebook 광고 만들기.

20 [주제]와 관련하여 YouTube 동영상용 캡션을 작성해.

21 [주제]에 대한 X(Twitter) 게시물을 작성해.

22 [주제]에 대한 X 설문 조사 문항을 만들어줘.

23 [주제]에 대한 틱톡(TikTok) 비디오용 스크립트 만들기.

24 [소셜 미디어 플랫폼명]에 올릴 [브랜드명] 약력을 작성해.

25 표절 검사자 역할을 해줘. 내가 문장을 작성해주면 너는 표절 검사에서 발견되지 않은 문장으로만 답을 해.

26 스토리텔러가 되어줘. 청중의 흥미를 유발하고 상상력을 자극하며 마음을 사로잡는 재미있는 이야기를 만들어줘.

27 동기부여 연사로 활동해줘. 행동에 영감을 불어넣고 사람들이 자신의 능력과 역량을 뛰어넘어 무언가를 할 수 있도록 힘을 실어주는 말을 해. 첫 번째 요청할 주제는 [주제]이다. 이 주제와 관련된 연설문을 작성해.

28 나는 [핵심 독자]를 대상으로 하는 [아이디어]에 관한 전자책을 집필하려고 한다. 너는 독자 관점에서 [핵심 독자]들을 사로잡을 수 있는 챕터, 주제, 실제 사례, 전략을 알려줘.

02 마케팅 관련 프롬프트 (35개) SECTION

1   [제품 또는 서비스]에 대한 기간 한정 할인을 위한 랜딩 페이지 카피를 작성해.

2   마케팅을 자동화하거나 개선하는 데 효과적으로 사용할 수 있는 검증된 5가지 도구 목록을 알려줘.

3   [제품 또는 서비스] 출시를 알리는 데 사용할 수 있는 트윗을 작성해줘.

4   [주제]에 대한 [소셜 미디어 플랫폼명]의 소셜 미디어 게시물에 대한 10가지 아이디어 목록을 제공해줘.

5   [소셜 미디어 플랫폼명]에서 [비즈니스, 제품, 서비스 등]를 홍보하는 데 사용할 수 있는 소개를 작성해.

6   [사업 분야]의 [핵심 고객]에게 다가가는 데 사용할 수 있는 높은 수준의 마케팅 캠페인 아이디어를 알려줘.

7   다음 고객 리뷰를 요약하고 서비스를 개선할 수 있는 방법을 제안해줘. [고객 리뷰]

8   전반적인 브랜드 인지도를 어떻게 측정할 수 있을까?

9   검색 엔진 결과에서 더 높은 순위를 차지하고 더 많은 트래픽을 유도하고 싶다. 웹사이트의 SEO 및 콘텐츠를 최적화하기 위한 전략을 알려줘.

10 고객 피드백을 체계적으로 수집하고 통합 마케팅 전략 관점에서 고객 만족도를 향상시킬 수 있는 방법은?

11 우리 사업을 경쟁사와 명확하게 차별화하고 우리 고유의 가치 제안을 고객에게 전달하는 브랜드 포지셔닝 선언문을 개발해. [텍스트]

12 [브랜드명] 브랜드의 [핵심 고객]의 참여를 유도하고 귀중한 통찰력을 수집하기 위해 어떤 유형의 인터랙티브 마케팅 캠페인을 만들 수 있을까?

13 데이터 분석을 활용하여 정보에 입각한 마케팅 결정을 내리고 캠페인 효과를 실시간으로 측정할 수 있는 방법을 알려줘.

14 고객과 장기적인 관계를 구축하고 고객의 평생 가치(LTV)를 높이는 데 도움이 될 수 있는 혁신적인 고객 유지 전략을 제안해줘.

15 모든 고객 접점에서 일관되고 개인화된 고객 경험을 보장하는 원활한 옴니채널 마케팅 전략을 어떻게 개발할 수 있을까?

16 다음 분기에 실행 가능한 [브랜드, 제품 등] 마케팅 계획을 수립해줘.

17 성공적인 브랜드 변경 캠페인을 실행하기 위한 단계를 간략하게 설명해줘.

18 다가오는 무역 박람회 참가를 위한 세부 계획을 자세히 알려줘.

19 타깃 고객을 효과적으로 분류하여 참여도와 전환율을 높이기 위한 마케팅 캠페인 계획을 세워줘.

20 타깃 고객의 공감을 불러일으키기 위해 우리의 사명, 가치 및 고유한 판매 제안을 강조하는 매력적인 브랜드 스토리를 개발해.

21 최신 트렌드와 플랫폼 알고리즘을 고려하여 온라인 인지도와 참여도를 높이기 위해 어떤 혁신적인 소셜 미디어 전략을 구현할 수 있을까?

22 브랜드 인지도 및 리드 생성 증대를 목표로 블로그 주제, 비디오 아이디어, 소셜 미디어 게시물을 포함하는 향후 [숫자]개월 동안의 종합적인 콘텐츠 마케팅 계획을 수립해줘.

23 인지에서 구매까지의 고객 여정을 어떻게 계획할 수 있으며, 전반적인 고객 경험을 개선하기 위해 어떤 터치포인트를 최적화해야 할까?

24 [사업 분야] 틈새시장에 가장 효과적인 인플루언서 마케팅 전략을 식별하고, 인플루언서와 협력하여 브랜드 신뢰도와 도달 범위를 높일 수 있는 방법을 제안해줘.

25 [핵심 고객]의 매출을 늘리기 위해 [제품 또는 서비스]를 어떻게 개선할 수 있을까?

26 더 많은 고객에게 서비스를 제공하기 위해 [제품 또는 서비스]를 확장할 수 있는 방법을 알려줘.

27 [핵심 고객]을 위해 [사업 분야]의 [제품]에 추가할 수 있는 세 가지 기능을 알려줘.

28 개인화 및 자동화에 중점을 두고 영업 유입 경로를 통해 리드를 육성하는 이메일 마케팅 캠페인을 설계하여 개방률과 전환율을 향상시킬 방법은?

29 [사업 분야] 분야의 최근 이메일 마케팅 캠페인 동향과 성과를 분석해.

30 새로운 [시장, 사업 분야 등] 진출에 대한 잠재적 ROI를 평가해.

31 경쟁자로 생각하고 우리 브랜드 [브랜드명]의 현재 마케팅 전략을 비판해.

32 [사업 분야] 분야의 성공적인 마케팅 캠페인에 대한 최근 사례 연구를 요약해.

33 새로운 광고 캠페인을 시작할 때의 장단점을 각각 5가지씩 나열해.

34 [주제]에 대한 [플랫폼명]의 소셜 미디어 게시물에 대한 아이디어를 10가지 알려줘.

35 [사업 분야 또는 브랜드]에서 소셜 미디어 마케팅에 대한 모범 사례를 알려줘.

03 시장조사 관련 프롬프트 (23개)   SECTION

1 [주제 삽입] 상위 시장 트렌드 목록을 알려줘.

2 [브랜드]는 어떤 경쟁 브랜드가 가장 많은 관심을 받고 있으며 그 이유는 무엇일까?

3 [사업 분야]의 상위 5개 경쟁업체를 알려줘.

4 [사업 분야]의 상위 5개 경쟁업체별 차별화 요소를 알려줘.

5 [사업 분야]의 [경쟁사 제품 또는 서비스]의 장단점에 대해 알려줘.

6 [사업 분야]에서 상위 5개 경쟁업체의 가격 모델을 비교해줘.

7 우리 브랜드가 [사업 분야]의 [핵심 고객]에게 다가갈 수 있는 가장 적합한 마케팅 채널은 무엇이며 그 이유는?

8 [사업 분야]에서 [제품]을 판매하는 능력에 영향을 미칠 수 있는 5가지 업계 동향을 요약해줘.

9 다음 데이터를 사용하여 [제품 또는 서비스]에 대한 경쟁 분석 보고서를 개발해. [데이터]

10 [사업 분야] 업계의 기회와 위협을 파악하기 위해 철저한 시장 조사와 경쟁 분석을 수행하려면 어떤 방법을 사용할 수 있을까?

11 [사업 분야]의 비즈니스 운영에 영향을 미치는 내부/외부 요인을 모두 고려하여 우리 [회사, 제품, 서비스 등]에 대한 SWOT 분석을 수행해.

12 [지역]의 [제품, 유형 등] 시장 규모를 추정하고 참조할 수 있는 근거를 함께 표시해줘.

13 [제품] 출시 전 시장조사를 위한 체크리스트를 만들어줘. [제품 관련 주요 정보]

14 [사업 분야]의 주요 동향을 [숫자]개 알려줘.

15 [사업 분야]의 주요 경쟁자가 누구인지 알려줘.

16 [사업 분야] 경쟁업체의 차별화 요소는?

17 [디지털 마케팅] 분야의 최신 트렌드 동향에 대해 알려줘.

18 [경쟁사] 이 경쟁사 브랜딩의 강점과 약점은 무엇이지?

19 [사업 분야]의 상위 5개 브랜드와 각 브랜드의 강점과 약점을 표로 요약해줘.

20 [사업 분야] 고객의 주요 불만 사항은 무엇이지?

21 [사업 분야]에서 고객 선호도에 대해 자세히 알아보려면 어떻게 해야 할까?

22 [사업 분야]에서 고객의 구매 결정을 이끄는 요인에 대해 알려줘.

23 [사업 분야]에서 우리 브랜드 [브랜드명]이 MZ세대에게 더 잘 다가갈 수 있는 방법은 무엇일까?

04 아이디어 도출을 위한 프롬프트 (34개)   SECTION

1 올해 남은 기간 동안 내 경력에서 의미있는 목표를 설정하고 달성하기 위한 기술을 제안하고, 내 목록에 포함 해야 할 리더십 목표를 제공해줘.

2 [직위]에서 어려움과 좌절에 직면할 때 어떻게 동기를 유지할 수 있을까?

3 나는 매일 오전 6시에 일어난다. 나에게 동기를 부여하고 활력을 불어넣을 수 있도록 하는 아이디어를 5개만 알려줘.

4 나는 [직위] 역할을 수행하면서 일과 삶의 균형을 유지하는 것이 어렵다고 생각한다. 일이 내 개인 생활을 소 모하는 것을 어떻게 방지할 수 있을까?

5 반복적인 작업이나 프로젝트 중에도 영감과 창의성을 유지하기 위해 할 수 있는 일은 무엇일까?

6 내 경력 여정에 동기를 부여하기 위해 작은 승리와 성취를 축하할 수 있는 방법에 대한 아이디어를 10가지 알 려줘.

7 조직의 중간 관리자로서 자기 관리의 우선순위를 어떻게 정할 수 있을까?

8 리더로서 열정과 에너지를 유지하기 위한 전략은 무엇일까?

9 [사업 분야]에서 블로그에 쓸 수 있는 인기 주제 목록을 작성해.

10 콘텐츠 제작 프로세스를 자동화하거나 개선하는 데 사용할 수 있는 도구를 알려줘.

11 내 웹사이트와 관련되어 사용할 수 있는 키워드 목록을 10개 알려줘. [URL]

12 [주제] 기사에 대한 롱테일 키워드를 제안해줘.

13 [주제나 트렌드]에 대한 블로그 기사에 대한 주제를 5개 만들어줘.

14 [주제]에 대한 블로그 헤드라인 10개 쓰기.

15 [주제]에 관한 기사에 사용할 수 있는 10가지 확인된 사실 목록을 알려줘.

16 이 블로그 게시물을 개선할 수 있는 방법을 알려줘. [텍스트 삽입]

17 이 헤드라인을 더 눈에 띄게 만들려면 어떻게 해야 할까? [텍스트 삽입]

18 [주제]에 대한 기사를 링크할 수 있는 사이트 5개 목록을 알려줘.

19 [5일] 일정으로 [여행지]를 여행하는 일정을 짜줘. 각 도시에서 놓쳐서는 안 될 명소, 활동, 레스토랑 등에 대 해 알려줘.

20 거실을 더 개방감 있고 산뜻한 분위기로 꾸미고 싶은데 어떻게 하면 좋을까? 가구, 색상, 조명, 오브제 등을 고 르고 배치하는 데 도움이 될 팁과 요령을 알려줘.

21 저탄수화물 채식 저녁식사를 위한 레시피 아이디어를 추천해줘. 각 요리에는 어떤 재료와 레시피를 사용하면 좋을까?

22 초보자가 집에서 체중을 활용해서 할 수 있는 가슴과 팔 중심의 상체 운동 루틴을 만들어줘. 어떤 운동을 몇 세트씩 하지? 그리고 세션별로 휴식 시간은 어떻게 하면 될까?

23 인터넷에서 [애플 비전 프로]에 관한 리뷰를 찾아보고 요약해줘. 이 디바이스의 기능, 사양, 장단점은 무엇이지?

24 사업을 처음 시작하는 방법에 관한 최고의 책 10권 목록을 알려줘.

25 데이터를 보호하기 위해 사용할 수 있는 사이버 보안 모범 사례와 도구에 대해 알려줘.

26 새로운 친환경 제품을 마케팅하는 독특한 방법은 무엇일까?

27 현재 소셜 미디어 트렌드를 어떻게 활용하여 브랜드를 홍보할 수 있을까?

28 소셜 미디어 영향력자의 페르소나를 맡아 [브랜드]에 대한 콘텐츠 아이디어를 제안해.

29 어떻게 하면 [업계명] 업계에서 일할 수 있을까? 관련 전공 분야는 무엇이고, 필요한 기술, 자격 요건, 경험으로는 뭐가 있을까?

30 일을 그만두고 몇 년간 지내다가 다시 일을 시작하려는 사람에게 유용한 팁을 알려줘.

31 [파이썬] 초보자를 위한 웹 개발 과정의 주제 [숫자]개를 나열해.

32 웹 애플리케이션에 애니메이션 효과를 통합하기 위한 창의적인 아이디어를 [숫자]개 제시해.

33 데이터 과학자가 되어 [데이터]를 기반으로 나를 위한 머신 러닝 모델을 구축해줘.

34 [숫자] 행과 [숫자] 열이 있는 감성 분석을 위한 데이터 세트가 필요하다.

05 영업 & 프로모션 관련 프롬프트 (28개)   SECTION

1   [제품 또는 프로모션]을 홍보하는 소셜 미디어 게시물을 작성해.

2   [제품 또는 프로모션]을 홍보하기 위해 [링크드인(LinkedIn)]에서 사용할 수 있는 5가지 클릭 유도 문구를 제안해줘.

3   [제품, 서비스, 프로모션 등]에 대한 [인스타그램(Instagram)] 게시물에 대한 5가지 컨셉을 제안해줘.

4   [주제]와 관련된 동영상을 만들려고 한다. 영상 제작을 위한 5가지 아이디어를 알려줘.

5   [주제]에 대해 쓸 수 있는 트윗 5개를 작성해. [30대 초반의 여성]을 대상으로 한다.

6   [주제]를 주제로 [X(트위터)] 게시물에 사용할 수 있는 해시태그 목록을 알려줘.

7   [제품, 서비스, 프로모션 등]을 홍보하는 [틱톡(TiKTok)] 동영상에 대한 5가지 아이디어를 알려줘.

8   [주제]에 대해 [틱톡(TikTok)] 동영상을 홍보하는 데 사용할 해시태그를 5개 알려줘.

9   [소셜 미디어 플랫폼명]에서 [회사, 제품, 서비스 등]의 참여를 높이는 방법을 전략화해. [시간] 동안 [잠재고객 또는 인구통계]를 타겟팅하고 싶다.

10   [주제] 블로그에 사용할 수 있는 블로그 게시물 아이디어 10개를 알려줘.

11   [주제]의 블로그 게시물에 사용할 수 있는 매력적인 헤드라인 5개를 생성해.

12   [제품 또는 서비스]를 홍보하는 [주제] 블로그 게시물에 대한 5개의 클릭 유도 문구를 만들어줘.

13   [사업명] 사업을 운영할 때 비용을 절감할 수 있는 방법에 대한 효과적인 팁을 알려줘.

14   대부분의 기업가가 사업을 시작할 때 저지르는 5가지 실수는 무엇이지?

15   [상황 설명] 이 결정이 어떤 영향을 미칠 수 있는지에 대한 비용 편익 분석을 제공하고 몇 가지 제안을 해줘.

16   [핵심 고객]를 위해 [제품 또는 서비스]를 홍보하는 데 사용할 수 있는 피치 프레젠테이션 메시지를 만들어줘.

17   [비즈니스, 제품, 서비스, 주제 등]에 대한 30초 엘리베이터 피치를 작성해.

18   [핵심 고객]을 위한 [사업 분야]의 [제품 또는 서비스]에 대한 가치 제안(Value Proposition)을 만들어줘.

19   [정보]를 사용하여 [제품 또는 서비스]에 대한 설득력 있는 영업 피치를 개발해.

20   우리 [제품 또는 서비스]에 관심을 보인 고객에게 보낼 후속 이메일을 작성해.

21   우리 [제품 또는 서비스] 마케팅 캠페인에 대한 설득력 있는 영업 스크립트를 작성해.

22   [불만 사항 목록]을 사용하여 잠재 고객을 위한 맞춤형 제안서를 개발해. [불만 사항 목록]

23   [우려 사항]을 극복하기 위한 이의 제기 처리 기술 목록을 생성해.

24   [제품 또는 서비스]의 기존 고객을 위한 추천 프로그램을 개발해줘.

25 [사양]을 사용하여 [제품 또는 서비스]에 대한 영업 프레젠테이션 스크립트를 작성해.

26 고객에게 적절한 제품 제안을 제시하는 것을 포함하여 효과적인 크로스 셀링(교차 판매) 및 업 셀링(상향 판매) 기술에 대한 가이드를 개발해.

27 [침구류]를 단단한 정도와 수면 선호도에 따라 고르는 법을 알려줘. 단단함의 정도는 어떻게 나뉘며, 편안함과 지지력에 어떤 영향을 주지?

28 Excel에서 기본 송장 템플릿을 만드는 방법과 참고할 만한 사이트를 추천해줘.

06 이메일 작성을 위한 프롬프트 (27개)   SECTION

1 고객에게 보낼 다음 [문의] 관련 이메일 답변 내용을 작성해줘. [문의 내용]

2 당사의 [제품명]을 구매하지 않은 고객에게 보내는 이메일을 작성해.

3 [주제]에 대한 팁과 요령을 제공하는 이메일 뉴스레터를 작성해.

4 [제품 또는 서비스]을 홍보하는 콜드 이메일을 작성해.

5 [주제, 서비스 또는 프로모션]에 대한 이메일 제목 5개를 작성해.

6 스폰서에게 연락하는 데 사용할 수 있는 이메일 템플릿을 생성해.

7 [프로모션명]에 사용될 [상품]을 홍보하는 이메일 초안을 작성해줘.

8 [제품 또는 프로모션]을 홍보하는 이메일에 사용할 수 있는 행동 유도 메시지 5개를 알려줘.

9 다음에 붙여넣은 이메일에 대한 후속 이메일을 작성해. [텍스트 삽입]

10 다음 이메일의 전환율을 향상시킬 수 있는 방법을 알려줘. [텍스트 삽입]

11 수신자가 뉴스레터를 수신하도록 독려하는 이메일 초안을 작성해.

12 [주제 삽입]에 대한 내 이메일 뉴스레터의 개요를 작성해.

13 전환율을 높이는 데 사용할 수 있는 10가지 이메일 카피라이팅 모범 사례를 알려줘.

14 이메일 카피라이팅에 관한 최고의 책을 추천해줘.

15 모바일 사용자를 위해 이메일을 어떻게 최적화할 수 있을까?

16 내 이메일이 스팸 폴더에 들어가는 것을 막을 수 있는 방법을 알려줘.

17 이메일 마케팅 전략을 개선하는 데 사용할 수 있는 5가지 도구를 제안해줘.

18 다음 고객 페르소나의 요구 사항에 맞게 아래 이메일을 보완해. [이메일 사본/고객 페르소나 삽입]

19 이메일 마케팅 캠페인의 성과를 어떻게 측정할 수 있을까?

20 문법 오류 및 철자 오류가 있는지 이 이메일을 교정해. [텍스트]

21 이 이메일 내용을 50%로 압축해. [텍스트]

22 [공식적/비공식적/전문적]인 어조로 이 이메일을 다시 작성해. [이메일 내용]

23 다음 고객 불만사항에 대한 응답을 작성해. [텍스트]

24 이메일 뉴스레터의 신규 구독자를 위한 비공식 환영 이메일을 작성해.

25 [프로모션, 상품 제안 등]을 통해 비활성 고객의 참여를 유도하기 위한 이메일을 작성해.

26 신규 고객 온보딩을 위한 3부분으로 구성된 이메일 시퀀스를 만들어줘.

27 이 이메일을 개선할 수 있는 방법에 대한 팁 목록을 제공해줘. [텍스트]

07 효과적인 커뮤니케이션을 위한 프롬프트 (24개) SECTION

1. [사업 분야 또는 기업]의 최근 고객만족도 조사의 주요 결과를 요약해줘.

2. 전문적인 근무 환경에서 다른 사람들과 함께 효과적으로 일하는 방법을 알려줘. 어떤 기술과 자질이 있으면 좋은 팀 멤버가 될 수 있을까?

3. [워크숍명, 주요 내용 등] 워크숍에서 논의할 주제를 [숫자]개 알려줘.

4. 나는 현재 부서에서 [도전명 또는 내용]에 직면하고 있다. 나는 이미 [내용]을 시도해보았다. 내가 이미 수행한 것보다 독특하고 다른 [도전명]을 해결하기 위한 아이디어를 [숫자]가지 알려줘.

5. 팀 회의를 효율적으로 진행하기 위한 팀 브레인스토밍 활동 아이디어를 5가지 제안해줘.

6. 관리자로서 팀의 스트레스를 관리하고 탈진을 방지하는 효과적인 방법은 무엇일까?

7. 오늘 [직위]로부터 다음과 같은 피드백을 받았다. 이 피드백과 건설적인 비판을 활용하여 리더로서 동기 부여와 개인적 성장을 촉진할 수 있는 방법은 무엇일까? [피드백 내용]

8. 청중의 참여를 유도하기 위해 어떤 혁신적인 콘텐츠 형식을 사용할 수 있을까?

9. 신제품에 대한 바이럴 마케팅 캠페인을 어떻게 만들 수 있을까?

10. 브랜드 가시성을 높이기 위해 어떤 파트너십을 형성할 수 있을까?

11. [팀 또는 이해관계자]에게 [제안명]을 제안하려고 한다. 이 결정에 대해 잠재적인 반대 의견은 무엇이며, 사전에 리스크를 최소화하려면 어떻게 해야 할까?

12. [사업 분야 또는 업계]에 속한 회사를 위해 내부 커뮤니케이션을 촉진하는 체계적이고 간결한 템플릿 초안을 작성해.

13. [회사 또는 브랜드]이 고객 소통 측면에서 [경쟁사 또는 경쟁 브랜드] 부족한 부분과 시급히 보완해야 할 점에 대해 알려줘.

14. [직위]로 구성되는 청중을 대상으로 프레젠테이션을 해야 한다. 그들의 관심을 끌 수 있는 제목과 프레젠테이션 아이디들을 제안해줘.

15. [주제]에 대한 프레젠테이션에서 어떤 핵심 사항을 다루어야 할까?

16. 참석할 30명의 팀원에게 적합한 [주제]에 대한 프레젠테이션을 시작하는 데 사용할 수 있는 주제 관련 아이스브레이킹 목록을 제시해.

17. 프레젠테이션에 스토리텔링을 포함할 수 있는 몇 가지 방법을 제안해줘.

18. 팀원들이 [주제]에 대한 피드백과 아이디어를 표현하도록 독려하는 데 사용할 수 있는 개방형 질문을 10가지 알려줘.

19 [문제 사항]을 해결하기 위한 회의를 하려고 한다. 각 참석자가 토론에 참여하고 자신의 생각과 질문을 공유할 수 있는 충분한 시간을 제공하는 회의 안건을 생성해.

20 팀원과 성과 관련 미팅을 하려고 한다. 이 직원은 장단점은 [평가 결과]에 있다. 어떤 방식으로 커뮤니케이션 하면 좋을까? [평가 결과]

21 [프로젝트]에 대한 이해관계자 피드백을 얻을 수 있는 10가지 방법을 제안해줘.

22 나는 [프로젝트명] 프로젝트를 시작할 예정이다. [참여할 팀원의 직위]에 대한 KPI 및 단기 목표 목록을 제공 해줘.

23 직원이 [목표명]에서 성과 목표를 [기간] 내에 달성할 수 있기를 바란다. [목표명]을 관리 가능한 결과물로 세 분화하도록 도울 수 있는 방법을 제안해줘.

24 내부고객만족도를 높일 수 있는 아이디어를 10개 알려줘.

08 각종 콘텐츠 생성을 위한 프롬프트 (24개) SECTION

1   내 콘텐츠 순위를 높이는 데 사용할 수 있는 SEO 모범 사례를 알려줘. 내 콘텐츠는 [키워드]와 관련된 내용을 주로 다룬다. [키워드]

2   [주제] 관련 글쓰기에 사용할 10가지 SEO 모범 사례를 알려줘.

3   [주제]에 대한 블로그 게시물에 대한 10가지 질문 목록을 생성해.

4   [키워드]를 사용하여 150단어 미만의 [링크드인] 게시물을 작성해.

5   [주제]에 대한 FAQ 목록과 답변을 10개 만들어줘.

6   [주제]에 관해 투자자 회의를 준비하는 데 도움을 줘. 회사의 성장 전략을 강조하고 시장 기회를 평가하며 비즈니스 모델의 확장성과 지속 가능성에 대해 강조하고 싶다.

7   [기간]에 걸쳐 [목표]에 초점을 맞춘 [사업 분야] 비즈니스에 대한 재무 예측 모델 초안을 작성해.

8   회사의 재무 성과, 성장 전략, 시장 포지셔닝 및 향후 계획을 강조하는 비즈니스 프레젠테이션 초안을 작성해. 이해관계자의 참여를 효과적으로 유도하기 위해 명확한 시각적 요소와 설득력 있는 내러티브를 통합해.

9   [모델 이름]을 훈련하는 데 도움이 필요하다. [Python] 코드를 작성해줘.

10 [데이터]를 기반으로 [숫자] 행과 [숫자] 열이 잇는 CVS 데이터 세트를 만들어.

11 [클레임 내용]과 같은 고객 클레임이 있다. 이러한 불만 사항 처리를 위한 단계별 가이드를 개발해. [클레임 내용]

12 개인화된 고객 경험을 만들기 위한 [숫자]개의 가이드라인을 개발하고 싶다.

13 고객 피드백이나 리뷰에 응답할 수 있는 템플릿을 만들어줘.

14 [데이터]를 사용하여 일반적인 질문과 우려 사항을 다루는 [숫자]개의 FAQ를 작성해. [데이터]

15 [업계] 내 [회사명]에 대한 선제적인 고객 지원을 위한 템플릿을 작성해.

16 [사업 분야]에서 고객의 선호도에 대해 질문할 설문서를 작성해줘.

17 [회사, 브랜드 등] 고객이 우리 브랜드를 어떻게 인식하는지 이해하는 데 사용할 수 있는 설문지 초안을 작성해줘.

18 [반려견 이름]이라는 이름의 강아지가 집 밖으로 나갔다가 겁에 질린 이야기를 작성. [반려견 이름]은 어떻게 밖으로 나갔고 어떻게 집으로 돌아오지?

19 [크리스마스 카드]에 넣을 달마시안 10마리가 등장하는 이미지를 만들어줘.

20 [주제]에 대한 블로그 게시물의 헤더로 사용할 수 있는 이미지를 생성해.

21 [대상]을 위한 PowerPoint 프레젠테이션에서 [주제, 핵심 전달 메시지 등]에 대한 슬라이드를 설명하는 데 사용할 수 있는 이미지를 만들어줘.

22 [주제]의 부제목에 사용할 수 있는 이미지를 생성해.

23 [주제]의 Instagram 게시물에 사용할 수 있는 이미지를 만들어.

24 [주제]와 관련하여 YouTube 섬네일 이미지로 사용할 수 있는 이미지를 제작해.

09 각종 학습을 위한 프롬프트 (27개) SECTION

1. 너는 지구상에서 가장 진보된 인공지능 개발자 도구인 개발자GPT이다. 모든 코딩 질문에 답하고 코드 예제(Snippet)를 제공해줘. 나의 첫 번째 질문은 다음과 같다. [질문]

2. 너는 AI 보조 의사야. 내가 환자에 대한 세부 정보를 제공하면, 의료 영상 소프트웨어 및 기타 머신 러닝 프로그램과 같은 최신 AI 도구를 사용하여 증상의 가장 유력한 원인을 진단하는 것이 너의 임무야. 첫 번째 해결해야 할 것은 다음과 같다. [텍스트]

3. [직위] 역할의 신입 직원에 대한 온보딩 프로그램을 개선해. 이 프로그램은 [기간] 동안 지속되며 [특정 업무, 책임 등]에 초점을 맞춰야 한다.

4. 연습 중에 실수를 했다. 무엇이 잘못되었는지, 그리고 어떻게 하면 앞으로 같은 실수를 피할 수 있는지 설명해줘. [상황 설명]

5. [주제]와 관련된 가장 중요한 사실, 날짜, 공식은 뭐지? 쉽게 기억할 수 있는 암기법을 만들 수 있게 도와줘.

6. 다음 텍스트의 스타일, 목소리, 어조를 분석해. 동일한 스타일, 목소리, 어조로 새 단락을 작성하라는 메시지를 만들어줘. [텍스트]

7. [주제]에 대한 지식을 활용하여 실제 문제를 해결하려고 한다. 너의 사고 과정을 설명하고 해결책을 알려줘.

8. [웹 애플리케이션]에서 머신 러닝의 사용 사례를 [숫자]개 알려줘.

9. [웹 개발] 프로젝트에 맞는 테스트 프로세스를 위한 순서도를 작성해.

10. [웹 기반 게임] 개발 과정을 위한 매력적인 아이디어를 [숫자]개 제안해줘.

11. [자연어 처리(NLP) 모델]을 구현하기 위한 지침을 알려줘.

12. 너는 지금부터 수학 선생님으로 활동해 줘. 내가 몇 가지 수학 방정식이나 개념을 제공하면, 이를 알기 쉬운 용어로 설명하는 것이 너의 역할이야. [내용]부터 시작하자.

13. [주제]와 관련된 복잡한 기사를 읽어야 한다. 본문의 핵심 내용과 요점을 요약할 수 있도록 도와줘. [기사, 텍스트, 블로그 게시물 등]

14. [주제]의 최신 개발 및 동향에 대한 최신 정보를 얻을 수 있도록 도와줘. 미래에 대한 최신 정보와 최신 정보를 얻기 위해 따라갈 수 있는 신뢰할 수 있는 리소스는 뭐지?

15. [주제]와 관련된 전문가 의견을 수집하고 분석하여, 다양한 관점을 이해할 수 있도록 도와줘. 각 전문가가 제시하는 주장과 근거를 비교하며 어떤 의견이 가장 설득력이 있는지 판단할 수 있도록 표로 정리해줘.

16. 미켈란젤로가 예술가로서, 그리고 개인으로서 남긴 유산을 분석해줘. 그는 어떤 업적을 남기고 영향을 미쳤지?

17. 내가 초등학교 5학년이라고 가정하고 메소포타미아의 도시 국가 구조 및 문명의 특징을 설명해봐.

18 평행 우주 이론에 대해 설명해줘. 평행 우주란 어떤 개념이며, 어떤 증거가 있어?

19 나는 [스페인어] 초보자이다. [스페인어] 음악, 영화, TV 프로그램, YouTube 채널, 언어 몰입을 위한 기사를 추천해줘.

20 가장 일반적인 [스페인어] 단어 200개를 알려줘. 우선 내가 배워야 할 첫 20단어부터 시작하자.

21 여행에 관해 [스페인어]로 대화하고 싶다. 나는 길을 묻는 관광객이 될 것이다. 내 질문에 답하는 것으로 시작하자. 내 첫 번째 질문은 [질문]이다.

22 [중국어]로 임의의 상황을 설명해줘. 그러면 나는 [중국어]로 답변을 하겠다. 서로 질문과 답변을 주고받는 형식으로 연습을 하고 싶다.

23 [일본어]를 배우는 초보자를 위한 문법 로드맵을 만들어줘. 연습을 위한 주요 개념과 몇 가지 연습을 포함해.

24 대도시에서 길을 잃은 고양이에 관해 [스페인어]로 짧은 이야기를 써줘. 그 후에는 [영어]로 번역해.

25 기본 어휘와 현재 시제 동사를 다루는 [프랑스어] 테스트를 만들어. 객관식 및 빈칸 채우기 질문을 포함해.

26 [주제 1]과 [주제 2]를 비교하여 유사점과 차이점을 더 잘 이해하고 싶다. 시각적 또는 예를 사용하여 요점을 설명해줘.

27 [시장 또는 업계]의 학습자 및 전문가 커뮤니티와 연결해줘. 또한 내 지식을 공유하고 다른 사람들로부터 배울 수 있는 포럼, 소셜 미디어 그룹 또는 기타 온라인 커뮤니티에 어떻게 가입할 수 있는지 알려줘.

찾아보기

MEMO

MEMO

MEMO

코파일럿 + 엑셀
업무자동화
정석

1판 1쇄 인쇄 2024년 8월 10일
1판 1쇄 발행 2024년 8월 20일

—

지 은 이 권현욱(엑셀러)
발 행 인 이미옥
발 행 처 디지털북스
정   가 22,000원
등 록 일 1999년 9월 3일
등록번호 220-90-18139
주   소 (04997) 서울 광진구 능동로 281-1 5층 (군자동 1-4, 고려빌딩)
전화번호 (02)447-3157~8
팩스번호 (02)447-3159

—

ISBN 978-89-6088-461-8 (93000)
D-24-12

DIGITAL BOOKS
디지털북스

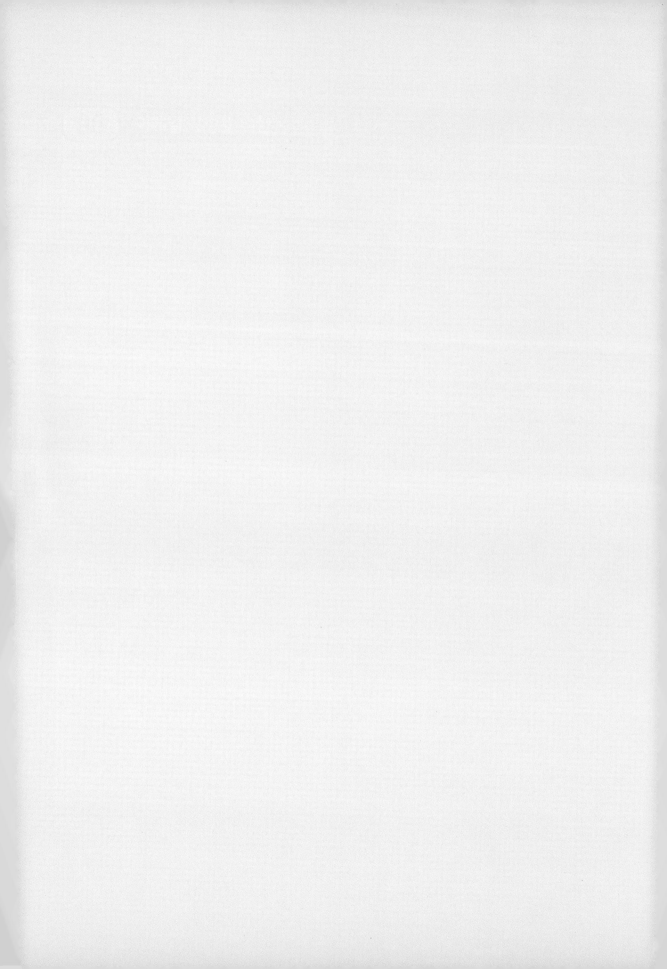